中嶋 郁雄 著

教師のための
レジリエンス

―折れない心を育てる、回復力を鍛える―

明治図書

はじめに

　今どきの子どもは打たれ弱いとよく言われますが，学校現場で直接子どもと関わる教師として，私も同じことを感じています。そして，子どもだけではなく，若い先生方もまた打たれ弱いと感じています。特に私が気になるのは，「自分の失敗や過ちを素直に認められない」ということです。大人に比べて，子どもや若者が圧倒的に力を伸ばすのは，素直だからです。真っ白な紙がインクを吸い取るように，素直であればそれだけ，子どもや若者は様々なことを吸収して成長していきます。そうであるから，子ども・若者には，強い気持ちや前向きな心の持ち方を吸収してほしいと思います。誰にでもかわいがられ信頼される人になってほしいと思います。素直な気持ちで様々なことにチャレンジし，隠れた能力を発見し，前向きに努力して充実した人生を送ってほしいと願います。

　そういう人に育てるためには，若いうちに心を鍛えることが必要です。子どもや若者が様々な能力を発揮するための土台となる，前向きで，素直で感謝する気持ちを育てなくてはなりません。どんなに優れた体格で，秀でた運動神経を持って生まれても，汗をかいて身体を鍛えることをバカらしいと思えば，それまでです。どんなに優秀な頭脳に恵まれていても，努力はつまらないことだと思って過ごせば，宝の持ち腐れです。常に前向きに物事を捉えて物事に感動することができ，周りの人に感謝の気持ちを持つことのできる子に育てなくてはなりません。心の力をつくることが，人の様々な力の源となるのです。

　学校には，何をするにもいつもニコニコ笑って学校生活を送っている子がいます。他の子が避けるような仕事を進んで引き受け，「つらいだろうな」と思うことも，平気な顔をしてやり遂げてしまいます。そのような子は，友達からも好かれ，教師からもかわいがられて，毎日を楽しく過ごすことができます。反対に，いつもつまらなそうな顔をして，ダラダラと学校生活を送

る子がいます。自分の損になるような仕事からはうまく逃れ，何をするにも「ダルイ。嫌だ」と不平を口にします。そのような子は，どんなに楽しいことに出会っても，心から楽しいと思うことはできないでしょう。

　同じ小学生，同じ人間であるにも関わらず，２人の違いは，一体何が原因なのでしょう。

　人は，心持ち１つで，幸せにもなれば不幸にもなります。例えば，両者に同じ食べ物を与えたとします。前者は，喜々としてそれを受け入れるでしょう。「こんなに美味しいものを，ありがとう」という心構えができています。対して，後者は，さほど喜ぶ気持ちもないでしょう。「あっ，そう。一応食べてはみるけど」といった感じでしょうか。どちらの子が幸せで，将来自分の力を伸ばしていくのかは，言わなくても分かるでしょう。物事に感動し，人の意見を素直に受け入れ，感謝の気持ちを持っている子は，前向きに物事を考えることができる子です。そのような心持ちの子は，様々なことにチャレンジし，苦しくても努力を続けることができるでしょう。少々の困難には打ちひしがれることはなく，自分の力で困難に立ち向かい解決していくことでしょう。そして，自分の能力を伸ばし，夢をかなえていくでしょう。そして，それは，子どもに限らず，私たち大人にも言えることです。

　いじめや不登校，学級崩壊や対教師暴力，精神を病んで休職や離職をする教師の増加……。様々な課題を抱える学校現場にとって，今必要なのは，子どもと教師の心持ちを前向きに戻すことです。挫折をしても回復を果たす，強くしなやかな心を目覚めさせることです。折れない心，回復する心を育てるレジリエンス教育は，今後ますます重要度を増してくるに違いありません。

2018年６月

中嶋　郁雄

CONTENTS

はじめに　3

Chapter1
なぜ，レジリエンスが求められるのか

　学校現場が抱える課題 …………………………………………………… 10
　「いじめ」「脆弱な友達関係」は，子どもの弱さが原因 ……………… 11
　立ち直れない，若い教師たち …………………………………………… 14
　「否定されない教育」の危険性 ………………………………………… 16
　回復力が，学校を救う！ ………………………………………………… 18

Chapter2
くじけない心を育てる！
学級づくりで鍛えるレジリエンス

　出会いで心構えをつくる ………………………………………………… 22
　教師の統率力を行き届かせる …………………………………………… 24
　学級目標・クラスのルールづくりで意識を高める …………………… 26
　公平・平等を大切に ……………………………………………………… 28
　グループづくりで関わる機会を増やす ………………………………… 30
　責任感を高める当番活動 ………………………………………………… 32
　係活動で自主性を育てる ………………………………………………… 34
　固定化した関係を取り払う ……………………………………………… 36
　教師の思いを語る ………………………………………………………… 38
　本音と本気をぶつけ合う活動を ………………………………………… 40
　　COLUMN　子ども自身の頭と身体が働く指導を　42

Chapter3
クラス全員が成長する！
授業づくりで鍛えるレジリエンス

全員参加の授業でやらざるを得ない状況づくり……………………………… 44
きまりを守る力を育てる……………………………………………………………… 46
勇気を授業で積み上げる…………………………………………………………… 48
忍耐力を身に付ける………………………………………………………………… 50
自分の間違いを受け入れる………………………………………………………… 52
自らの考えを主張する力を………………………………………………………… 54
周囲に配慮する気持ちを育てる…………………………………………………… 56
多様な意見に触れる………………………………………………………………… 58
「できる・分かる」で自信を持たせる……………………………………………… 60
正直さ・誠実さを育てる…………………………………………………………… 62
　COLUMN　授業では「ねらい」とは別の力も付けることができる　64

Chapter4
ここぞの場面を見逃さない！
生活指導で鍛えるレジリエンス

あいさつ指導は心構えづくりの基本……………………………………………… 66
元気な返事を返す力を育てる……………………………………………………… 68
忘れ物は自分で解決させる………………………………………………………… 70
整理整頓で変化の大切さを理解させる…………………………………………… 72
掃除で逃げない気持ちをつくる…………………………………………………… 74
時間厳守で当たり前のことができる自信を……………………………………… 76
ウソ・言い訳の指導で信頼される子に変える…………………………………… 78
器物破損は責任感を鍛えるチャンス……………………………………………… 80
損得勘定抜きで行動できる子に…………………………………………………… 82

固執から解放する……………………………………………………84
　　　COLUMN　犯罪を未然に防ぐために　86

Chapter5
つながりが多様な時代だからこそ！
関係づくりで鍛えるレジリエンス

　　対等・平等の心地よさを実感させる……………………………88
　　気持ちの共有で安心感を…………………………………………90
　　前向きに考える習慣を……………………………………………92
　　ケンカでトラブル解決法を学ばせる……………………………94
　　誰とでも活動できる力を育てる…………………………………96
　　いじめと戦う強さを………………………………………………98
　　1人でも好きなことができる雰囲気づくり……………………100
　　正しいことを主張する訓練を……………………………………102
　　1人ぼっちの子に声をかける優しさ……………………………104
　　悪口・陰口に耳を貸さない強さを………………………………106
　　　COLUMN　教育とは何か，教師とは何か　108

Chapter6
避けては通れない！
保護者とよりよく付き合うためのレジリエンス

　　「保護者はパートナー」という認識で……………………………110
　　平身低頭が悩みの種をつくる……………………………………112
　　保護者も「人」であることを忘れない…………………………114
　　「教師理解」が心の余裕を生む…………………………………116
　　家庭訪問は厚かましく頻繁に……………………………………118
　　参観・懇談をアピールの場にする………………………………120

愛情を全面に出して苦言を呈する	122
苦情はチャンスと捉える	124
来校者は笑顔で迎える	126
組織対応が心の支えになる	128

COLUMN その保護者，本当にモンペですか？　130

Chapter7
チーム学校に変える！
同僚とよりよく働くためのレジリエンス

同僚の助言を素直に受け入れる	132
すごいことを「すごい」を認める気持ちを持つ	134
周りの評価に無頓着になる	136
独りになることは悪いことではない	138
気になる言動は「流す」力を	140
人が喜ぶことをする	142
気まずいときは自分から関わる	144
非難や陰口から遠ざかる	146
疎まれることを恐れない	148
聞き上手・ほめ上手になる	150

Chapter1

なぜ，レジリエンスが求められるのか

学校現場が抱える課題

　最近の先生方は，子どもの気持ちを一番に考えて，丁寧に子どもに対応しています。身近な若い先生方を見ていると，どんなことに対しても，丁寧に子どもの気持ちを聞いて，子どもが納得するまで粘り強く説明しています。このように，子どもたちの心に「優しい教育」「寄り添う教育」が充実し，より丁寧に子どもに対応するようになっているにも関わらず，いじめは相変わらず存在し，保護者の苦情は学校に殺到しています。
　学校現場では教師が子どものために相当な労力を費やし，家庭では親が我が子を理解し守ろうと必死になっているにも関わらず，なぜ，充実感を味わうことができず，溌溂と意欲的に活動することができない子が増えているのでしょう。大したことのないようなことで思い悩み，一度トラブルに遭遇すると，学校にこられないほど沈み切ってしまう子や，些細な失敗にくじけてしまい，なかなか立ち上がることのできない子が増えてしまった原因は何なのでしょう。
　近年，「優しい教育」「寄り添う教育」といったものが，学校現場では主流になっています。子どもに寄り添い，子どもを理解しようと努力することは，もちろん間違っているわけではありません。しかし，客観的にどう考えても，子どもが間違っていると思われることでも，子どもを戒めたり叱咤したりということをしません。厳しくすることを，まるで悪いことのように考えているのではないかと思いたくなるほど，子どもの気持ちを思い図り，異常なほど神経を使っています。例えば，ふざけて学校のものを壊した子に，「こういう理由だから仕方なかったよね，ケガをしなくてよかったね」などと，子どもの間違っているところを，厳しく戒め指導することをしません。悪いことをしている児童に対してさえ，そのような状況ですから，仲間外れなど，友達とのトラブルで泣いていたりする子に対しては，「究極の慰め」が始まります。子ども同士の些細なトラブルに関わることはよいのですが，教師が

手取り足取りお世話して解決してしまっています。

　子どもにショックを与えないこと，子どもが思い悩むことから遠ざけることに力を注いだ結果，「自分から悩みの元を取り除く力」や「苦しさを克服する力」「物事を前向きに捉えようという気持ち」や「困難に積極的に向き合おうという気持ち」を，奪ってしまったのではないでしょうか。友達から嫌なことを言われたら，「嫌だ。やめて」と言える強さを，失敗しても「次のチャンス」と前向きに捉える心を，ケンカしても「仲直りできる」と落ち込まない……。このような，子どもが自分の中に育てるべきたくましさは，同年代の仲間が集う学校生活の中でこそ磨かれていくものです。

　果たして，現在の教育は，「折れない心」「立ち直る気力」といった，逞しく力強い精神を，子ども達の中に育むものになっているのでしょうか。教師の指導と子どもたちの様子を鑑みると，ひ弱な精神の持ち主を育ててしまっているように思われて仕方ありません。「個性重視」「子ども中心主義」「教育のサービス化」といった言葉に代表される現在の教育は，子ども達を軟弱でひ弱にしてしまっているのではないでしょうか。「子ども中心」「子どもを理解した教育」という，耳当たりのよい言葉で取り繕ってはいますが，その実，子どもが傷つくから，親が苦情を申し立てるからと，無難で問題が起きないように，「体裁を守る指導」「子どもにおもねる指導」が，子どもが本来持つ力強さを奪っています。本当に子どものためになる教育とは何か，今一度原点に立ち返って考える時期にきています。

　近年，厳しい状況でもポジティブな面を見い出し，逆境を乗り越える力や，失敗から学んだり失敗しても楽観的に考えたりする力を身に付けるための教育『レジリエンス教育』が注目を集めています。

「いじめ」「脆弱な友達関係」は，子どもの弱さが原因

　学校現場では，「いじめ」「不登校」「対教師暴力」などの問題が次々と深

刻化しています。教育界では，子どもが抱えている課題を何とか克服しようと，長年にわたって様々な方法で，その時代に応じた教育が進められてきました。しかし，目立った成果を上げることができないまま今日に至っています。成果を上げるどころか，子ども達の心理状態はますます衰弱し，自ら課題を克服しようとする意欲は薄れ，友達同士のつながりは脆弱になって，年を追うごとに教育現場は荒廃している状況です。

　このような状況を招いているのは，教育に携わる人々が怠惰をむさぼっていたからでは決してありません。文部科学省，教育委員会，学校現場……，それぞれがそれぞれの立場から，子どもの教育について，時間を惜しんで，真摯に「教育改革」に取り組んできたはずです。そうであるにも関わらず，一向に状況が改善されないのです。

　子どもはいつか大人になり，自分の力で社会の荒波の中を渡っていかなければなりません。そこでは，甘えや泣き言は通用しません。自分の思い通りにならなくても，自分が置かれた状況を受け入れながら生きていかなければならないのです。社会に出るということは，学校や親などの，自分を守ってくれる存在から巣立つことです。そこでは，１人で冬の時代を耐え忍んで春を待つ力が必要になります。自分の力を試すために，様々なことに挑戦することも必要になります。ここぞというときに，一歩を踏み出す勇気も必要になるでしょう。思い通りにならない状況を，自らを変えることで充実させていく逞しさ・力強さが，一人前の大人になるためには必要です。

　「人は人によって人になる」という，カントの言葉にある通り，子どもは身近な大人をモデルにして，大人から学びながら成長します。子どもに，将来自分の力で生きていくために必要な術を教えるのが大人です。「まだ幼いから」「まだ子どもだから」と，何でもかんでも大人が請け負って子どもの負担や労力を取り払い，大人がすべて解決してしまってばかりいては，子どもに力が付くはずはありません。その昔，徳川家康が今川家に人質に取られていたとき，今川義元が家来に，「竹千代にはむごい教育をせよ」と命じた話は有名です。「むごい教育」とは，家康をムチでたたくことでも，不自由

な暮らしをさせることでもありませんでした。「むごい教育」とは，ほしがるものを与え，できる限り贅沢をさせ，自分の思うように，労力や責任を負うことのないように育てることだったのです。現在，学校や親が子どもに行っている，「子どもに寄り添う教育」「子どもに精神的負担をかけない教育」は，「むごい教育」に当てはまりはしないでしょうか。

　日本では，昔から，「克己」という言葉が尊ばれてきましたが，己に打ち克つためには，「間違っていたことを認めて謝ろう」「笑われるかもしれないけど，勇気を出してやってみよう」「辛いけど，我慢してやろう」と，自分の心と向き合いながら，自分自身と戦わなくてはなりません。他人に強要されるのではなく，自分で自分をコントロールしなくてはなりません。それが「自律」ということです。自律の心を養うことは，強い心を養うということです。この強い心は，一朝一夕で身に付くものではありません。発達段階に応じて，「嫌なことから逃れよう」「要領よくごまかしてやり過ごそう」という弱い気持ちと戦う訓練が必要です。「怠けたいけど，がんばって宿題をやる」「ケンカをした友だちに素直に謝る」「誰も見ていないけれど，ごまかさない」といったような，日常生活のあらゆる場面で，自分と向き合い戦うことによって，心は鍛えられていくのです。自分の弱い心に打ち克ったとき，人は，自分に自信を持つことができ，自分を好きになることができます。少々の困難でくじけるようなことのないしなやかさと，気分を入れ替えて立て直す力を身に付けることができます。

　1人1人が，些細なことではビクともしない強い心を持ち，困難な状況も前向きに捉えて切り抜けていくしなやかさを持ち合わせることができれば，ひきこもりやいじめ，暴力や犯罪につながる行為などは，おのずと影を潜めていくはずです。今，子どもたちに必要なのは，折れない心やがんばり通す力，回復力といった，レジリエンスなのです。

立ち直れない，若い教師たち

　近頃の若い先生方は，子どもとの垣根を低くしようという気持ちが強く，「優しい先生」「理解ある先生」が，理想の教師であると考える人が多くいます。確かに，子どもに優しく子どもを理解することは，子どもとの人間関係を円滑にするために必要な要素です。ところが，反対に子どもに軽んじられてしまい，学級経営において最も大切な「統率権」を失ってしまう若い先生方が数多くいます。授業の力量を上げることもできないほど，クラスが荒れ，子どもが荒れてしまいます。さらに，保護者対応における気遣いや苦労が，若い先生方に追い打ちをかけています。価値観の多様化や過剰な権利意識，教育のサービス視，学校・教師の権威失墜……などなど，様々な原因が考えられますが，特に近年は，対応に苦慮する保護者が増えました。中には，無理難題を突き付けたり，大声で罵声を浴びせたりする保護者もいます。教壇に立った新任の頃に抱いていた，教師という職業に対する希望も子どもに対する熱意も失ってしまい，精神を蝕まれて，休職や退職を余儀なくされる若い先生方が増えています。

　現在の制度では，採用試験に合格すれば，実践的な訓練をほとんどやらないまま教壇に立って，授業や学級経営，保護者対応を行わなくてはなりません。授業や学級経営，保護者対応の経験が皆無と言ってよい状況では，いくら優秀な人でも，失敗もすれば挫折を味わうことにもなります。しかし，それは，極当然のことなのです。教師になりたてであれば，失敗して当たり前，うまくいかなくて当たり前なのです。ところが，失敗したり挫折感を味わったりすることに免疫のない若い先生方が多いのです。「失敗することは恥ずかしいこと」，「自分は失敗するような人間であってはいけない」と言わんばかりに，周囲に自らの失敗を悟られまいと必死になり，おかしなプライドから「助けて下さい」と言えずに苦しんでいる若い教師のなんと多いことでしょう。

現在，教師となっている20代から40代の先生方は，一昔前の「でもしか教師（先生にでもなろうか・先生にしかなれない）」とは異なり，幼い頃から優秀な成績を収めてきた人たちです。恐らく，これまでの人生の中で，大きな失敗をしたり挫折を味わったりした経験が，ほとんどないと思われます。（少なくとも，私の勤務してきた学校ではそうでした。）子ども時代に，失敗して挫折感を味わったことも，先生や親に厳しく叱られた経験さえも少ないのかもしれません。このような状況を見るにつけ，今の時代レジリエンスが必要なのは子どもだけではなく，教師（特に若い教師）にも同じことが言えると感じています。

　「失敗して恥ずかしい」「こんなはずではなかった」と，苦しんでいる先生方に必要なことは，「自分はできる」「教師はやれるべき」などと思わないようにすることです。幼い頃から優秀だったことが，「こうあるべき意識」を強くしてしまっているのですが，子どもを教える立場にある教師だからこそ，「失敗するのは当たり前」「できないのは恥ずかしいことでなない」と，日頃子どもに教えていることを，自分自身に対しても伝えてあげてほしいと思います。そして，「分からないから相談する」「できないから学ぶ」という，当たり前のことを実行するように心がけてほしいと思います。

　保護者対応についても，とにかく苦情が出ないよう，問題にならないようにと，些細なことにも神経をすり減らし，まるで恐ろしい怪物にでも対するかのような気遣いをするのをやめましょう。保護者も同じ人間，人の子の親です。善悪の区別や，正義・正当性などの理屈を理解することができるはずです。保護者の要求には応えなくてはならないという意識を捨て去り，「無理なものは無理」「理屈の通らないことはできない」と，筋を通し，誠実に後ろ指をさされることのない対応をしていれば，いつまでも無理難題を押し付けられることもなく，いずれは解決すると，気楽に構えることも可能になります。

「否定されない教育」の危険性

　子どもに理解ある親や教師になりたいと思う人は多いと思います。そこで問題になるのが，「理解がある」という意味です。子どもの立場から考えてみると，理解ある親や教師というのは，「自分の思いを受け入れてくれ，自分の言い分を聞いてくれ，自分の思う通りにさせてくれる」ことを指します。未熟で深く考えることができないうちは，将来を見据えて厳しくしてくれる教師や親の気持ちが分かるはずはありません。そういう親や教師を「理解ある人」とは決して思うことができないのが子どもです。

　子どもにとって「理解ある親・教師」とは，何かあると，すぐに子どもの味方になって，「そんなに無理をさせなくても」「子どもがかわいそう」「あなたの気持ちはよく分かる」……などと，子どもを守ってしまう大人のことです。「あなたが悪いのだから」「しっかり反省しなさい」などと，子どもを否定することをしない親や教師が，子どもにとっての「理解ある大人」です。

　しかし，その場そのときの子どもの気持ちを配慮し，子どもを傷付けることを避けるために間違いさえ否定せず，過ちを認めさせず戒めないことが，子どものためになるはずはありません。確かに，その場は，自分を否定される悔しさや，叱咤される恐怖，反省させられる苦しみから逃れることができるでしょう。しかし，そこから逃れた子は，一体いつになったら，自分が背負うべき責任の重さに耐える力や，苦しみを克服する力を身に付けることができるというのでしょう。子どもが苦しい思いをするからといって，運動をやらせなかったら，その子はどうなるでしょう。子どもが嫌がるからといって，食べ物の好き嫌いを許していれば，その子はどうなるのでしょう。気分次第の子どもの言い分や，その場から逃れるための言い訳を許していては，将来困るのは，その子自身です。「かわいそう……」「まだ無理よ……」と，子どもの不足を否定することなく，いかにも子ども思いの親や教師をふるまおうとも，結局は，自分自身が「理解ある親」「理解ある教師」でありたい

という自己保身によって，子どもにおもねっているだけに過ぎません。
　子どもを教え育てるということは，子どもが暮らす社会の中で，その子が充実した生活をし，将来幸せな人生を送るために必要な力を身に付けさせることです。そのためには，厳しく指導し否定することも必要です。危険な遊びをすれば，「ダメだ」と厳しく禁止し，あいさつができなければ，「人としてなっていない」と否定し，人の話を聞いてしっかり勉強するようにしつける……。「もう無理だ」と，投げ出しそうになったら，叱咤してでも辛抱強くやらせ，怠け心に負けないように励まし続ける。最後の最後まで子どもの力を信じて待つ……。それが，子どもが持っている本来の力を引き出すことになるのです。
　ほめられることばかりで，否定されず叱られもせずに育った子は，ほんの些細な指導でも，人格を全否定されたかのように捉えてしまい，周囲からすれば大したこともないと思われるようなことでも挫折してしまい，立ち直ることができない人になってしまう恐れがあります。寒冷な地方で生活していれば寒さに慣れていくように，毎日走り続けていれば心肺機能が高くなっていくように，子どもの心も，否定されたたかれることによって，徐々に強くなっていくものです。「可愛い子には旅をさせよ」と，昔の人は，素晴らしい教訓を残してくれています。修羅場をくぐり抜けてきた人が，少々のことでは動じないように，ある程度の困難や苦労を経験させ，ときには厳しく苦言を呈しながら教えていくことによって，子どもの心は強く鍛えられ，ちょっとやそっとのことでは折れることのない，しなやかさを携えていくのです。子どもの将来を考えるなら，本当に子どものためを思っているのなら，たとえ子どもに疎まれようと，そして嫌われようと，心を鬼にしてでも厳しく，強制してでもやらせなくてはならないこともあります。それこそが本来あるべき親の姿，教師の姿ではないでしょうか。

回復力が，学校を救う！

　「大丈夫かな」と心配になるような失敗をしても，子どもは短時間で立ち直ってしまいます。つい昨日まで落ち込んでいたかと思えば，次の日には新しい学習にチャレンジする意欲を見せたり，生き生きと遊びに取り組んだりと，生命力あふれる姿を見せてくれます。子どもたちは，元来，強く柔軟な精神の持ち主なのです。「鉄は熱いうちに打て」とは，じつに的を射た先人の言葉です。強く柔軟な精神も，打たなければ，どんどん弱って軟弱になっていきます。「今どきの子どもや若い人は打たれ弱い」とはよく耳にしますが，子どもが弱くなり若い人が打たれ弱くなったのは，経験を積んだ大人たちが，子どもや若い人たちを弱くしてしまったためです。できる限り子どもたちを逆境から遠ざけ，試練から距離を置くよう，大人が育ててしまっているだけなのです。若い教師に任せて失敗してはいけない，若い人がつぶれないように気遣い配慮しようという気持ちから，見守り指導することができない。苦言を呈することで，相手に嫌われたくないという自己保身から，大切なことを教えることができない。そういう大人が増えたことが，子どもや若い先生方を軟弱にしているのだと私は考えています。

　人は，そのままにしておくと，楽な方向に流されてしまう弱い存在です。自分を律する力を持つためには，心を鍛えてくれる存在が必ず必要になります。子どもにとっては，親や教師がそれに当たります。私たち教師は，子どもの自律心を育てるような教育を行わなければなりません。自律心を育てるためには，ときに厳しく子どもを鍛えることが必要です。「厳しさ」とは，恐怖を与えて子どもを自分の思い通りにすることでは決してありません。例えば，当番活動をさぼった子を呼びつけて，威嚇しながら反省を促したり，罰を課したりというような，恐怖や罰によって子どもを動かすことは，逆に自律心を奪うことになってしまいます。本当の厳しさとは，例えば，他の子からどう見られると思うか，本当にそれでよいのか，どういう自分が望みか，

というようなことを子ども自身に考え判断させるように導き，謝罪したりやり直したりといった行動を実際にとらせることで，子ども自身に義務や責任を取るようにさせることです。子どもは，自力でやり遂げることや自力で問題を解決することに，充実感と喜びを得るものです。自分でしっかり考えて自分で解決するように導いた後は，それができたことをしっかり認め，一緒になって喜んであげましょう。それが子どもの自信につながり，少々の困難も自分で何とかできる，自分でやることが喜びになるということを，子どもに実感させることになります。このようにして，日々少しずつ子どものレジリエンスを高めていくことが，私たち教師の役割です。失敗しないように，うまくいくように，誰かが手取り足取り教えていては，いつまでたっても自尊心は身に付きません。

　今の学校に必要なのは，少々の困難に出遭っても，前向きに物事を捉え，自分でどうにかやってみようという意欲を，子どもや教師自身が身に付けていくことです。苦しみは永遠に続くことはありません。「きっとよい方向に進む」「今は苦しくても，これを克服すれば何とかなる」と，自分や周囲の力を信じて大きく構える心を保つ力です。少々のことではへこたれないで，前向きに物事を捉える力，いわゆるレジリエンスを教師自身が身に付け，子どもに身に付けさせるためには，自律心を養うことです。「周囲の雰囲気に流されることなく，間違ったことはやらない」「誰も見てはいないけれど，怠け心に打ち克って正しい行いをする」「自分の責任や義務を果たすことから逃げない」と，自分を自分で律することが，強い自分，くじけない自分，なりたい自分に導いてくれます。

　課題の多い，現在の教育現場ですが，教師という仕事に誇りを持ち，もっと自分を好きになり，前向きに大らかに，そしてしなやかに，自信を持って子どもの前に立ちましょう。あなたのレジリエンスが，目の前の子どもたちのレジリエンスを高める糧となるはずです。

Chapter2

くじけない心を育てる！
学級づくりで鍛えるレジリエンス

出会いで心構えをつくる

✦「さあやるぞ」という心構えをつくらせる

　新しい教室・新しい担任・新しい友達。新学期になって子どもたちは，期待と同時に不安を感じています。不安な気持ちに打ち克ち，子どもが「1年間がんばるぞ！」という心構えをつくって新しい学年をスタートすることができるように，導いていきましょう。

✦ 気持ちを共有させる

　新しい環境になって不安を抱いているのは，子どもだけではありません。教師も，相当な不安を抱き，緊張もします。最初の頃は，誰でも不安な気持ちでいっぱいなのです。ところが，子どもは案外そのことに気づいていません。そこで，
「先生は今，とても緊張しています。先生と同じように，『どんな1年間になるのかな』って，緊張している人は手を挙げてみて」
と，子どもに問いかけてみましょう。ほとんどの子が手を挙げるはずです。

> 　みんな同じ気持ちだよね。先生1人だけじゃないんだ。安心した。

たったこの一言が，子どもたちをホッとさせます。
「不安に感じているのは，私だけではないんだ。みんな同じなんだ」
ということに気づかせてあげるだけで，周りの友達が近しく感じられるようになるものです。

✦ 心機一転させる

　すべての子が，いい子になりたい，かしこくなりたいと思って学校にきています。4月は，
「勉強も運動もがんばるぞ。友達もたくさんつくるぞ」
と，意欲満々で新年度に臨む子がほとんどです。そのような子どもの気持ちを大切にする教師でありたいも

のです。失敗の経験が多い子ほど，新しい環境で心機一転がんばろうと決心して新年度に臨んでいるはずです。
「これまで失敗したり先生に叱られたりしたことのある人？」
と尋ねると，すべての子の手が挙がります。
「失敗は誰にでもある。失敗を自分の成長に生かすことが大切だよ」
「これまでの失敗を生かして，新しい気持ちでがんばろう」
というように，子どもたちに「心機一転がんばろう」と意欲を持たせることを大切にしたいものです。

> 抱えている不安の和らげ方に気づかせ，やる気を持ってスタートを切る言葉がけに努めよう！

教師の統率力を行き届かせる

◆ 担任の統率力が自制心を鍛える

　集団生活を送る上で，自分の意に沿うか否かに関わらず，きまりを守り自分の気持ちを抑えて行動することが必要です。少々理不尽と思えることでさえ，自分の気持ちを抑えながら集団に従わざるを得ない場合もあります。担任が統率力を発揮することが，子どもの自制心を鍛えることになります。

◆ 子どもの自制心は担任が鍛える

　新年度直後は，どんなにやんちゃな子でも教師の話を大人しく聞いています。ところが，時間が経つにつれ，よそ見をしたり話をちゃんと聞かなかったり，おしゃべりしたりと，気になる行動をとるようになっていきます。
　「これくらい許しておこう。できれば，叱って関係を悪くしたくない」などと考え見逃してしまうと，問題行動はどんどんエスカレートしていきます。よくない行動に，担任がストップをかけずにいることは，子どもの自制心を育む機会を奪ってしまうことになります。何ごとも最初が肝心です。

　　今は，何をするときか，分かってるよね。

はじめのうちは，柔らかい口調で指導するだけで，子どもの自制心をくすぐることができます。新年度がスタートしてすぐに，けじめに厳しいということを伝えておく必要があります。このような姿勢を伝えることが，教師の統率力を示すことになり，子どもの自制心を鍛えることになります。

◆ 教師の下で，失敗ができる

　近年，「子どもを傷付けてはいけない」と，厳しくするべきことさえ指導しない風潮があります。

　しかし，子どもが嫌がっても，授業に参加させなくてはなりません。嫌いなものでも食べるように指導しなくてはなりません。問題を起こせば厳しく叱らなくてはなりません。

　学級で何か問題が起きたら，解決に向けて方向性を示し，重要なことは決定する。暗い雰囲気を教師の言動で明るく変える。誤った行動をした子には，しっかり指導する。立場の弱い子がいればそっと寄り添って守ってあげる。そんなリーダーシップを発揮しなくてはなりません。

　「先生がいるとなんだか楽しい」「先生がいると安心できる」

　子どもにとって，担任がそのような存在にならなくては，思い切って失敗することができません。担任の大きな力に見守られて，子どもは失敗を覚悟でチャレンジすることができ，失敗から立ち直ることも可能になります。

> 担任が統率力を発揮している学級の中でこそ，子どもは自制心を身に付けることができ，失敗から立ち直ることもできる。

学級目標・クラスのルールづくりで意識を高める

◆ 子どもの思いを引き出す目標づくりを

「こんな1年間にしたい」「こんな学級にしたい」という思いを，クラスの子全員に意識させるために，学級目標を決めることは，とても大切です。子どもの話し合いだけで決めてしまっては，1年間の指針となるような目標にはなりません。目標づくりには必ず教師が関わり，教師が子どもの気持ちを引き出し，発想を広げるヒントを与えながら，クラスにあった目標に仕上げることが大切です。

◆ 教師の「思い」を出す

「学級目標を考えましょう」と子どもに話し合わせるだけでは，「みんななかよく」「元気なクラス」というような，どこにでもある，きまりきったものになりかねません。そこには，教師の思いはおろか，子どもの思いさえ込められているようには感じられません。学級目標には，リーダーである教師の思いが込められていなくてはなりません。

　先生は，みんなに，こんな子になって欲しいと思っている！　こんな

> クラスにしたいと願っている！　みんなは，どう思う？

　学級開きで，教師が「こんな子ども・こんなクラスにしよう」という思いを子どもにしっかり伝えることから，学級目標づくりはスタートします。高学年になれば，伝えられた教師の思いを受け取った子どもたちが，子どもなりの言葉で「学級目標」を形にしてくれるはずです。また，教師が，そのように導いていかなくてはなりません。クラス全員で考えた目標の下でこそ，「がんばりたい」という気持ちを高めることができ，トラブルが起きたときに，みんなで解決していこうという気持ちをつくることにつながります。

◆ 自律を意識してルール遵守を指導する

　決められたルールを守ることのできる学級には秩序が存在します。秩序がある学級の中でこそ，子どもは安心して活動することができます。

　子ども達にルールの大切さを理解させ，ルールを守って生活する決意をさせなくてはなりません。そのとき，「罰があるからルールを守る」という考えで行動する子に育ててはいけません。「自分からルールを守る」「ルールを破ったら反省できる」ことが大切です。自律の力が，回復力のある強い子を育てます。そのためには，ルールを破った後の教師の対応が重要です。

　「間違いや過ちは誰でもする。大切なのは『何が間違っていたか』『どうすればよかったのか』……。自分で考えていくようにしよう」
というように自律心を育てる意識で指導することが重要です。

学級目標もクラスのルールづくりも，教師の思いを核にして，子どもの思いを引き出しながら決めていこう！

公平・平等を大切に

◆ 子どもは不公平に敏感

　教師も人間ですから，気が合う子もいれば合わない子もいます。しかし，だからといって，気分の赴くままに子どもに接していいということではありません。どの子にも同じく公平に接するように心がける必要があります。

　子どもの不公平・不平等を感じ取る力はとても強く，些細な言葉がけの違いにも，「ひいきだ」「差別だ」と不満を口にします。私たち教師は，どの子にも公平に接することはもちろんのこと，どの子も公平に見ようと心がけなくてはなりません。

◆ すべての子のよさを見つける

　教師は，子どもの向上的な変容を強く願い，そのために日々指導しています。そのため，気をつけなくては，子どもの短所ばかりに意識がいってしまい，長所に目がいかなくなってしまいます。クラスの子全員のよさを見ることができて初めて，子どもを公平に見ることができます。そうでなければ，自分と気の合う子やお気に入りの子のよさだけしか見られなくなります。気の合わない子に対しては，悪いところしか目がいかなくなってしまいます。知らぬ間に「ひいき」「差別」してしまうのです。公平に見ることができな

い教師の教室では,「先生に認めてもらいたい」と,がんばる気持ちが子どもたちの中に生まれることはありません。子どものやる気を保障し,がんばる力を高めるために,全員の子どものよさを見るように心がけることが必要です。そのためには,例えば,黙って話を聞く,返事をする,座って授業を受けるといった,当たり前に思えることを,ほめるように心がけましょう。

> 当たり前のことを,しっかりやれることは,実はすばらしいんだよ。

◆ 冷静に対応する

言葉遣いや態度に十分気をつけていても,子どもが「ひいき」と感じる場合があります。日頃から公平を保とうとしている人にとって,とてもショックです。これは,子どもを指導するとき,感情的になってしまい,子どもへの対応にムラができてしまうのが原因です。子どもを指導するときは,感情に任せて言葉を発したり,威嚇するような態度で接したりすることを控えなくてはなりません。

同じ内容で指導する場合でも,子どもに応じてやり方が異なり,状況によっても異なるはずです。しかし,子どもにはそのような事情は分かりません。どんなに事情を説明しても,理解できるはずはありません。いくら一生懸命でも,特に子どもを叱る場合などは,冷静に指導することで,子どもに反省と改善をさせることが重要です。

> 公平・平等を心がけ,子どものやる気と自尊心を育てよう！

グループづくりで関わる機会を増やす

◆ 理想のクラスの基礎づくり

　子どもの様々な意見が活発に飛び交い，意欲的に学校生活を送ることができるクラスは，教師であれば誰でも目指したいと思うはずです。しかし，子ども同士の関係がうまくいっていない学級では，どんなに指導が上手な教師でも，理想のクラスをつくることはできません。

　班づくりやグループづくりによって，子どもの友達関係を診断することができます。そして，子ども同士のつながりを強くするための工夫を生み出すこともできます。

◆ グループづくりは関係づくり

　学校では，様々な場面で，少人数のグループで学習させます。授業場面では，話し合いや調べ学習をグループで行うことがあります。体育の授業でグループに分かれて運動することもあります。学級活動や行事では，グループに分かれて活動させることが多くあります。

　グループをつくる理由は，学習を効率的かつ効果的に進めるためということがありますが，グループづくりの過程を観察することで，子ども達の人間関係を見抜き，後の指導に生かすねらいもあることを忘れてはいけません。

例えば、「３人組をつくりなさい」「２人組で自己紹介ゲームをします」といった指示を出して、教師は様子を見ておきます。相手を変えて何度も同じことを繰り返していると、必ず固定化した関係や、グループに入れない子が目に入るはずです。子ども達の活発な交流を妨げる、これらの問題は、教師の指導によって解決に導くことが必要です。

> 　誰とでもグループをつくれることが大切だよ。

などと指導を入れて、現状を変える必要があることを、子どもに伝えなくてはなりません。

◆ 交流を強制する

　子どもの友達関係を広げ、誰とでも活動することができる力を子どもにつけるために、友達を選ばなくては学習できないという状況を放置しておいてはいけません。そのため、「好きな者同士」のグループづくりは、やるべきではありません。普段接しない子どもを交流させる機会をつくるために、教師主導でグループをつくることが必要です。強制的につくられたグループであっても、活動していくうちに、交流が活発に行われるようになり、はじめのときほど意識しなくなっていきます。活動の終わりに、気持ちよく学習ができたことをほめることで、誰とでも活動することのできるクラスに変わっていきます。

> 　グループづくりで、子どもの人間関係を診断し、交流を広げる手立てを打とう！

責任感を高める当番活動

◆ クラスでの存在意義を感じさせる

どの子も，クラスの中で自分の居場所を求めています。「私は，このクラスの一員だ」と，子どもが感じることができるようにしなくてはなりません。そのためには，どの子にも，クラスの一員として活動する場面をつくることが必要です。当番活動で，クラスにおける存在意義を感じさせることができます。毎日の学校生活を円滑に送ることができるよう，実際に役立つ当番を考え，すべての子にとって，当番活動が有名無実化しないようにすることが，クラスに対する責任と自身の存在意義を感じさせることになります。

◆ 責任感の育成が居場所づくりにつながる

子どもたちが学校生活を送るためには，教室に入ってから1日が終わって教室を出て下校するまでの間，様々な仕事と役割が必要になります。そのうちの1つが当番活動です。例えば，窓を開けたり黒板を消したりする当番は誰がいつ行うのか。日直は誰がやるのか，日直の仕事内容は何か……。

大勢の子どもたちが同じ場所で生活するのですから，子どもたちが個々それぞれの思いで行動していては，集団としてのまとまりや仲間意識を高めることはできません。実際にクラスの役に立ち，子どもの活動が保証されるよ

うな当番活動を組織する必要があります。「自分がやらないと，クラスのみんなが困る」という意識で活動することが，学校生活を円滑に行うことにつながるとともに，子どもの責任感を育て，居場所づくりにもつながります。

> 　ぼくが，当番をさぼると，クラスのみんなが困ることになる！　しっかりやらなくっちゃ！

✦ 誠実さを認める

　もしも子どもが，教師が見ている前でだけ一生懸命やるような場面に気づいたら，決して見逃さず，厳しく指導して反省を促さなくてはなりません。反対に，誰かが見ていなくても，真面目に当番に取り組んでいる子は，クラス全体の前で認め，ほめるようにします。

　「人が見ていようが見ていまいが一生懸命できる」という心の強さを，認め伸ばすことが重要です。クラスの子どもたちに，本当に大切なことは自分の心に誠実なことだということを教えなくてはなりません。

　今どきの子は，大人の気持ちを読み取ることに長けています。残念なことですが，大人をごまかすことは簡単にできると思っている子もいるのが現実です。だからといって，子どもにごまかされないように気を遣って日々を過ごしていくのは寂しいことです。今こそ，「自分に誠実に行動できる子」に育てていかなくてはなりません。

　当番活動で，責任感を持たせ存在意義を感じさせながら，誠実に行動する気持ちを育てていこう！

係活動で自主性を育てる

◆ 自ら考え行動する活動に

　学級活動は，楽しく活動してこそ，子どもが自主的に取り組むことが可能になります。楽しさを味わわせるためには，はじめのうちは教師主導で行う必要があります。ある程度やり方を学ばせて，子ども達の企画力や運営力を観察し，子どもの力に応じて教師の関わり方を考えていく必要があります。
　100％子どもに任せることはできませんが，子ども自らが考え行動することができるよう，教師が適切に関わりながら進める必要があります。子どもの自主性を育てることを意識して，係活動に取り組むようにしましょう。

◆ 具体的な手立てを考える

　クラスの子ども達の様子を観察してみましょう。学級会で，司会者の子が上手に話し合いを進めることができているか，意見を出し合い建設的に話し合いを進めることができるか，教師の助言や指導がどれくらい必要か……。
　イベントで，進行役の子ども達はうまく会を進行しているか，参加者は自分勝手な行動をしてはいないか，全員，心から楽しんでいるか……。

　楽しんで行う活動は，「やりたい」という意欲を高め，それが子ども

の自主性を引き出す！

　子どもの現状と，理想とする係活動とを比較してみましょう。
　すると，例えば，自分勝手な行動をする子が多い，教師が準備しなくては活動することができない，全員が楽しむことのできない内容であるなどの，自分のクラスで不足している部分が，何となく具体的に分かってきます。

✦ 段階を踏んで手を離す

　係活動で子どもの自主性を育てるためには，手順が必要です。最初から「自分たちの力でやってみなさい」というのでは，結局，何の力も身に付けさせることはできません。子どもたちが自分の力で話し合い，活動やイベントを企画し運営するためには，教師がモデルを示しながら，指導する必要があります。かけ算を理解するにはたし算を，わり算を理解するためにはかけ算を身に付けなくてはならないのと同じです。
　話し合いでは，司会進行のやり方や話し合いのルールを学ばせることからはじめて，徐々に教師の指導や助言を減らしながら，子どもに任せていくようにします。イベントの企画も，教師がモデルを示しながら進めていき，やり方を学ばせながら，徐々に子どもが活躍する場面を増やしていきます。
　子どもは，話し合いやイベントを経験するうちに，基本を身に付け，自信を持ち，徐々に自主性を発揮しはじめます。教師は，子どもを観察しながら，どの程度まで子どもに任せ，どこで指導すればよいのかを見極めながら，進めていくことが必要です。

　自主性は，子ども任せでは育てることはできない。手本を見せて学ばせながら，育てていこう！

固定化した関係を取り払う

◆ 自由な関係をつくる

　何をするのでも，仲のよい特定の友達としか活動しようとしない子がいます。授業中も特定の友達としかペアになろうとしない，係や委員会，クラブも，仲のよい友達と同じことをする……，どのクラスにもそのような子はいるものです。このような関係は，互いに自由を束縛し合う，「縛られた不自由な関係」と言えます。固定化した友達関係の中では，自分の隠れた能力を発見することができず，新しいチャレンジもできません。誰とでも活動することの大切さや，自由な関係づくりの素晴らしさを伝えることが必要です。

◆ 無関心からの脱却

　固定化した友達関係がクラスを支配すると，子どもは自己中心的になってしまい，友達のことにさえ無関心になってしまいます。間違いや不足を，互いに指摘することができないというのは，自分かわいさの自己中心的な考え方であり，友達のことを大切な存在だと思っていないということです。特定の友達にも「関係が壊れたら自分が困る」という，自己中心的な考えで付き合うようになってしまいます。本当に相手のことを大切にするためには，互いに注意し合って向上していくことが大切です。そして，それが本当の友達

をつくることになります。そのことを子どもに教えなくてはなりません。

> 本当の友達って，どういう人を言うのかな？

　固定化された関係を崩し，友達に対する無関心をなくすために，どうすればいいか，クラスで考える機会をつくる必要があります。

◆ 男女の交流を増やす

　男子と女子が変に意識し合っていたのでは，固定化した友達関係を崩すことはできません。子どもは，そのままにしておけば，かなり幼い時期から男の子と女の子が一緒に活動することを避けるようになります。グループづくりなどをすると，それが顕著に現れます。
　「近くの人と３人組になりましょう」
と指示すると，低学年の子でも男の子同士・女の子同士のグループに分かれます。少し出遅れた子が，仕方なく男女混合の組をつくらざるを得なくなるのですが，それこそがチャンスです。
　「すごい!!　男の子と女の子が一緒の組をつくっている。誰とでも友達になれる，素晴らしい人たちだよ」
と，大げさにほめましょう。すると，次から子ども達は，男女混合の組をつくりはじめます。子ども達が小さなうちから，このように男女が交流しやすいように意図して指導することが必要です。

固定化した関係を壊し，子ども自身も気づいていないよさや可能性を発見できるように導こう！

教師の思いを語る

◆ 教師の言葉は子どもを励ます

　何かのきっかけで，子どもとの関係にぎくしゃくしたものを感じることがあります。それは，子どもに，教師の考えている願いや，教師自身の体験などを語らず，本心を子どもにさらけ出していないことが原因の1つとして挙げられます。朝の会や帰りの会などの機会に，自分の考えや子どもたちに対する願いを，子どもたちにぶつけていきましょう。もしかすると，「教師の言葉は短く」という現在の風潮に反しているかもしれません。しかし，本音を語ることで，教師の思いは子どもに染みわたり，子どもを慰め，子どもを励ます言葉になっていきます。

◆ 本音で語ろう

　小学生の頃に教師の話を聞いて，自分がどんなことを思ったのかを覚えている人は，そうはいません。子どもへの深い思いや子どもに対する願望を，伝えたいと思って一生懸命語ったとしても，子どもが大人になる頃には忘れてしまうのが普通です。小学校の教育とは，そのようなものなのです。
　しかし，詳細な内容や教師の願いを覚えてはいなくても，子どもの人格の形成に何らかの影響を与えているはずです。語っているその瞬間は，子ども

も真剣に話を聞いています。教師の言葉が子どもの意欲を高めたり，落ち込んでいる気持ちを楽にしたり，励ましの言葉になったりと，子どもに多大な影響を与えているはずです。そして，教師のその気持ちは，子どもの記憶の底の底……人格に染み入っていくはずです。そのような教育のロマンを信じて，子どもの心に響く語りを続けていきましょう。

> 自分を動かすのは自分の心だけだよね。だから，心をしっかり鍛えていかなくてはならないと思って，先生は努力しているんだよ。

◆ 語りの技術を磨こう

　話をするときに大切なことは，「気持ちを込める」ことです。そして，思いが伝わるような語りの技術を身に付けることです。楽しい話をするときは，はち切れんばかりの表情や弾んだ声で。願うときには，身を乗り出して1人1人に訴えながら力強く。そして，悲しいことや悔しいことを伝えるときは，天を仰いだり目を伏せたりして，訴えかけるような口調で。本当に自分をさらけ出して語るためには，言葉に感情を乗せて全身で子どもに語りかけるようにします。

　本音をさらけ出して，真剣に気持ちを伝えることで，「教師の気持ちがちゃんと伝わるのか？」と疑いたくなる子にさえも，きっと気持ちが通じるはずです。教師の真剣な語りが伝わるとき，子どもの心が前向きになり，立ち直るきっかけになります。

> 教師の思いや願いが子どもに伝わることで，教師の言葉が，励ましや意欲向上のきっかけになる！

本気と本音をぶつけ合う活動を

◆ 子どもの真の姿を把握する

　学年が上がるにつれて，子どもは教師の目を意識して行動するようになります。中には，わざと悪ぶって見せたり，逆に異常と思えるほど模範的な行動をしたりする子がいます。教師に本当の自分を見せようとはしないのが，子どもなのかもしれません。そう考えると，私たち教師は，子どものほんの一面しか見ていないのかも知れません。しかし，子どもを強くするためには，子どもの本当の姿を把握することが不可欠です。

◆ 安心感が心を癒す

　子どもが本音を出せないクラスは，「目立つことをしないでおこう」と，子ども達が互いにけん制し合い，「失敗したらどうしよう」と，いつも緊張した雰囲気の中で過ごしています。
　当然，このような雰囲気の中では，手を挙げる勇気は出せません。
　思い切って自分の力を試すこともできません。
　わずかでも失敗すれば，周囲の子からからかわれて落ち込み，自尊心を奪われかねない状況に陥ります。
　クラスが安心できる場所でなくては，遊びも勉強も，思い切り活動するこ

ともできません。クラスが「安全」でなくては，自分を試すことも，挑戦する勇気を持つことも，失敗から立ち直ることもできなくなってしまいます。子どもが教室に入ったらホッと一息つくことができる，安心して「ありのまま」の自分を出すことができるクラスをつくることが担任として大切です。

> 先生の理想は，帰ってくると，ほっとするクラスになることだよ。

✦ 本音を出すことで，心は前向きになれる

　子どもが本気になって取り組んでいると，普段の学習では決して見せない，真の姿を垣間見せるようになります。活動が盛り上がれば盛り上がるだけ，それまで教師に見えていなかった子どものいい面や気になるところが見えるようになります。子どもの本心を把握することで，長所を伸ばし短所を修正するための指導を行うことが可能になります。

　同じく，本気でぶつかり合う中で，子どもの友達関係も見えてきます。仲がよく，行動を共にすることが多いと思っていた２人が，本心ではけん制し合っていることが分かったり，友達の輪に入りづらい子を発見したりすることがあります。子どもは本音を出して過ごすことができなくては，安心して学校生活を送ることができず，思い切ってチャレンジしたり，意欲的に物事に取り組んだりしようという気持ちにはなれません。子どもたちが，ありのままの姿を見せて生活することができるように，授業や学級活動などに本気で取り組むことができるようにする工夫が必要です。

> 本音を出して学校生活を送ることで，気持ちが安定し，余裕を持って前向きに物事を捉えることができるようになる！

COLUMN

子ども自身の頭と身体が働く指導を

　指導するということは、子どもの行為を改め、それによって子どもの心を改めるということです。実際に子どもの言動が改まらなくては、教師の指導が子どもの心に届き、子どもが向上したとは言えません。「子どもに考えさせ、子どもに行動させる」ということを当たり前のことと考えている人も多いでしょう。しかし、実際には、教師の思いを子どもに伝え、無理に押し付けて納得させる指導が、多くの教室で行われているように感じます。例えば、教師が話をしている最中に、おしゃべりをしている子に、「静かにしなさい。無駄話をしてはダメじゃないか」と言う指導は、教師の思いを子どもに押し付けるだけの指導です。教師が子どもの悪いところを指摘し、反省点を教えてしまっては、子どもが自分で考えて行動する必要を失います。子ども自らに考えさせ、子どもに実際に行動させる指導とは、おしゃべりをしていた子を起立させて、「なぜ、先生に立たされたと思うか？」「なぜ、おしゃべりはダメなのか？」「これから、どうするつもりか」……。と子どもに問いかけながら、子ども自身に考えさせ改善を促す指導です。ろう下を走る子や掃除をさぼる子がいたら、「それは正しい行動なのか？」と、考えさせ、反省を促し、すぐにその場で、正しい姿勢に改め、やり直させることが大切です。

　子どもを指導するために、教師の思いや意見を伝えることはとても大切なことです。しかし、子どもは、自分で考え自分で行動することによって力を付け成長するのです。自分で考え、実際に行動することで、子どもは力を伸ばし、自信を得ていくのです。子どもの頭や身体が働くような指導を工夫して行うのが、プロの教師としての仕事です。

Chapter3

クラス全員が成長する！
授業づくりで鍛える
レジリエンス

全員参加の授業でやらざるを得ない状況づくり

◆「参加」の意味を理解する

　授業に「参加する」というのは，単にすべての子が教室で席に着いているだけの状態を指すのではありません。教師の話をしっかり聞き，指示に従って作業をしたり考えたりする。友達の話に耳を傾けて，課題を解決するためにしっかり考える。子どもが，このような状態にあることで，はじめて「参加」ということになります。教室の子全員を学習に参加させることは，容易なことではありません。子ども1人1人の様子を観察して，全員が授業に参加しているかどうかを確認しながら授業を進めなくてはなりません。

◆全員参加を妨げる指導からの脱却

　クラスの子全員を授業に参加させるためには，教師が意図的に，子どもを学習に参加せざるを得ない状況をつくり出すことが大切です。例えば，一般的に使われている，「考えましょう」という指示や，「分かる人」という問いかけ，「分かりましたね」という言葉がけなどは，全員参加を妨げるやり方です。このようなやり方では，学習に意欲的な子や学習を理解できる子だけが参加する授業になってしまいます。多くの子どもたちは，教師の相手を「できる子」に任せて，考えるふりや分かったふりをして，適当に，授業に

参加しているふりをして，時間を過ごすようになります。このような状況を防ぐために，授業の進め方や，指示発問を工夫する必要があります。教師のやり方1つで，授業に参加せざるを得ない授業づくりが可能になります。

> まだできていない人は，手を挙げましょう。
> 自分の考えをノートに書きなさい。

◆ きめ細やかな指導を

例えば，「教科書○ページを開いて，○行目から△行目までを読んで，分からない言葉をノートに書きなさい。」という指示では，混乱する子が出てしまいます。

子どもの参加を妨げる原因に，教師の指示のまずさがあります。

「教科書○ページを開きましょう」（全員が開いているか確認）
「○ページで，分からない言葉に印をつけましょう。はじめ」
というように，1つ指示を出した後，子どもができているかどうか確認してから次の指示を出していくようにしなくては，子どもが混乱してしまいます。教師が混乱させているのですが，子どもは「できない自分が悪い」と考えてしまいます。このような状態が続くと，子どもは自信を失い，学びに対する意欲もなくしてしまいます。子どもの自信とやる気を高めるためにも，全員参加を保障する，指示の出し方を意識しましょう。

> 参加せざるを得ない状況をつくり出し，授業に全員参加させることで，集中力や意欲を育てることができる。

きまりを守る力を育てる

◆ 授業は，規律の宝庫

　人が発言している間は黙って聞く，発言するときは挙手をする，むやみに立ち歩かない……。授業の中には，多くの守らなくてはならないきまりがあります。些細な事でもしっかり守らせるよう指導することで，子どもの「きまりを守ろうとする意識」を高めなくてはなりません。授業規律の遵守は，子どもの自律心を育てることにつながります。

◆ 「厳しい指導」が自律心を育てる

　子どもたちに，様々な授業のきまりを守らせ，子ども自身の力として獲得させるためには，「こうしなさい」「これが正しい方法だよ」などと，いくら言っても，効果は期待できません。威圧的で恐怖心をあおるような指導によって，子どもが不規則発言をしなくなったとしても，それは一時的なものであり，子どもの身になったということではありません。本当に子どもに力を身に付けさせるためには，子どもの「自律心」を育てる必要があります。「ここでおしゃべりはダメだ」「自分が間違っていた」と，子どもが自分の頭で判断し，行動を改善しようとする意志力を高めることのできるような指導をしなくてはなりません。

そのためには，真の意味で「厳しい指導」を行う必要があります。子どもにとって「厳しい指導」とは，言葉で脅したり威圧して恐怖心をあおったりすることではなく，「弱い自分と向き合わせ，弱い自分と闘わせる」ことです。

> 間違えているところがあるよ。自分で見つけて直してきなさい。

◆ 規律が学力を保証する

　子どもにとって授業は，時間的にも重要度においても，学校生活の重きを占めています。授業のきまりをしっかり教え，身に付けさせることによって，落ち着いた集中できる環境で授業に臨ませることができます。そのことにより，学力を保障することも，やる気や自信を持たせることも可能になります。

　多くの子どもにとって，授業時間は楽しい時間というわけではありません。子ども自らが，進んできまりを守ろうとする意識にさせるためには，教師の指導が不可欠です。
①きまりを守れない子には，些細なことであっても，すぐ指導する
②きまりに従った行動をとるまでは，しつこく指導する
③できるまで繰り返し指導する
ことを徹底して，子どもに授業のきまりを身に付けさせつつ，自分の力できまりを守ろうとする意識を高めさせるようにしましょう。

> 授業のきまりを「守らせる」のではなく，「守らなくては」という気持ちを育てる指導を心がけよう！

勇気を授業で積み上げる

◆ 授業を勇気を鍛える場に

　意見を発表するために挙手したり，指名されて発言したりするとき，たとえ，発表に慣れている子や，自分の答えに自信のある子であっても，相応の勇気が必要になります。ましてや，人前に立つのが不得意な子や答えに自信がない子の不安は，相当なものです。友達の意見を聞いて自分の誤りを正すのもまた，勇気が必要になります。そう考えると，授業は，勇気を試される場であり，勇気を出す気持ちを鍛えていく場と言うことができます。人前で発表する勇気や自身の誤りを受け入れる勇気を身に付けさせることを意識して授業を進めましょう。

◆ 不安の共有で勇気を後押しする

　授業では，与えられた課題を解決する度に，どの子も，「間違えることは恥ずかしい」「発表は不安」といった気持ちを経験します。クラスの子のほとんどが，同じような気持ちでいるのですが，じつは，子どもはそのことに気づいていません。席を同じくしながら，隣の子が自分と同じように喜び悩む存在だとは，案外気づかないものなのです。自分1人が不安な思いをしている，自信を持てないと思っているうちは，1歩踏み出す勇気がでません。

しかし，周りの友達も同じ不安を抱えていると気づけば，思い切って発表する勇気を奮い起こすことができます。そこで，教師が，「みんなで１つのことを考えるっていいね」「発表するときは不安だという人は手を挙げて」などと声をかけて，ほとんどの子が同じ気持ちでいることを意識させるようにします。授業の中で，不安や自信のなさといった気持ちを共有させることで，一歩踏み出す勇気を後押しすることができます。

> 誰でも自信がなくて不安なんだよ。勇気を出してやってみよう！

◆ 強制が勇気を育てる

「子どもが主体的に学習をつくる」「教師主導の授業はいけない」とった考え方が近年の流行となって久しくなります。しかし，子どもの主体的に学ぶ意欲を育てるためには，必ず教師による矯正が必要になります。確かに自分から積極的に手を挙げることができる子もいます。しかし，ほとんどの子は，失敗して恥をかくかもしれない危険を冒してまで手を挙げたくはないと考えています。そのような子に，発表の機会をつくることによって，勇気を出させることができるのは教師の強制力だけです。強制的に発表させることによって，子どもは人前で発表することにも慣れるし，発表できたという自信を持つこともできます。そのことが，次もやってみようという意欲と勇気につながるのです。

> 授業は，勇気を試す場所でもある。教師の強制によって，勇気を振り絞る訓練を積ませよう！

忍耐力を身に付ける

◆ 授業は我慢する場

　多くの子どもにとって，授業はつまらないものであり，強制的にやらされているという意識があります。それが当たり前なのかもしれません。
　子どもが授業で学ぶのは基礎知識だけではありません。つまらなくても，1時間座っているのが苦痛であっても，そこから逃げずに学習に取り組む忍耐力を学んでいきます。

◆ 逃げない力・耐える力を育てる

　最初は苦痛だった授業に，我慢してでも取り組んでいくうちに，分かる楽しさや向上する楽しさ，やり切った後の充実感を感じられるようになります。やる気のなさをあらわにしている子を，
　「授業はつまらないのだから仕方ない。少しくらい目をつむっておこう」
　などと，指導せずそのままにしておいてはいけません。授業は，「嫌なことから逃げない」「ねばり強く物事に取り組む」力を身に付けるためのものでもあるのです。教師は，授業を通じて子どもの人格形成に深く関わっているのです。耐え忍ぶ力を育てることを放棄してはいけません。
　我慢させてでも，「やるべきこと」にしっかり取り組ませることが必要で

す。たとえ子どもにとって少々の苦痛が伴おうが，しっかりやらせることこそ，子どもの将来に必要な力を身に付けることになるはずです。

> 我慢してでもがんばってやっていると，だんだん楽しくなってくるよ。

◆ 姿勢が心をつくる

　忍耐力に欠ける子は，すぐに姿勢が崩れてしまいます。姿勢は，人の心構えを表します。例えば，背筋を伸ばすと自然に気持ちが引き締まり，ある程度の時間，集中することができます。反対に，ダラリとした姿勢では，我慢して取り組むことはできません。

　忍耐力が必要になる授業では，腰を立てて背筋を伸ばすことで，集中力が生まれ，勉強しようという心構えがつくられます。話を聞くときの姿勢や本を読むときの姿勢，文字を書く姿勢などをチェックして，適宜指導することが大切です。特に今どきの子は，正しい姿勢を教わっていないので，学校で継続して教える必要があります。

　正しい姿勢を保つのは，慣れるまではかなり辛いことです。すぐに姿勢が崩れる子が続出します。力を入れて指導しても，一朝一夕に身に付くものではありません。3日もすれば，教師もあきらめ気分になってしまいます。しかし，それでは，子どもの忍耐力を育てることにはなりません。姿勢の指導には，子どもだけではなく，教師にも我慢強さが必要です。身に付かないからと，指導をあきらめることは，子どもの成長を期待しないことです。

> 苦手な勉強でも，我慢して学習することが，忍耐力を育てることになる。子どもにとって授業は，忍耐力を鍛える格好の場！

自分の間違いを受け入れる

◆ 間違えることに慣れさせる

　できない課題があったり，答えを間違えたりすると，機嫌が悪くなって，拗ねてしまう子がいます。これは，自分の誤りを素直に受け入れることができない弱さの表れです。自分の間違いを受け入れることができなくては，勉強に限らず，力を伸ばすことができません。授業を通して，間違えることは恥ずかしいことでも悪いことでもないということに気づかせなくてはなりません。授業は，間違いを受け入れるための訓練の場でもあります。

◆ 間違いを肯定的に捉えさせる

　間違いを受け入れることによって，努力の大切さに気づかされたり，がんばろうと意欲的になったりすることができます。授業の中で，機会ある毎に，「間違えるから成長できる」と，教師が間違えることを肯定的に捉えていることを伝えていきましょう。クラスには，間違えることにあまり抵抗がなく，意欲的に意見を発表したり，分からないことを積極的に質問したりする子が必ずいます。そのような子の行動を取り上げて，「素直に間違いを認められる子は伸びる」と，子どもたちの前で大いにほめるようしましょう。また，友達の間違いを笑ったり，間違ったことを認められなかったりする子は，指

導しなくてはなりません。子どもが自分の間違いを素直に受け入れることのできる，授業の雰囲気づくりが必要です。授業を，間違いを素直に受け入れる力を育てるための場として活用しましょう。

> 間違えることは恥ずかしいことではなく，間違いを認められないことが恥ずかしいことだ。

◆ 間違うことに慣れさせる

　子どもは，失敗をしたり間違えたりすることで，多くのことを学んで成長します。ところが，最近では，子どもが間違いや失敗をしないように，周囲の大人が，成功に導くようにお膳立てをしてしまう傾向にあります。これでは，子どもは失敗を経験することができず，「失敗は悪いこと」「間違えることは恥ずかしいこと」という感覚を身に付けてしまいます。子どもには，間違いや失敗をどんどん経験させることが必要です。

　例えば，子どもたちが特に苦労する難問を提示して，「正解できないのが当たり前」「正解できなくても恥ずかしくない」と，クラスの誰もが思えるような問題を意図的に出して，「間違えるのが当たり前」「間違えても恥ずかしくない」という雰囲気をつくり出します。間違った答えをどんどん発表させることで，さらに間違えることに対する垣根を低くしていきます。

　子どもに間違える経験を多くさせて，間違えることへの抵抗感を減らすことで，間違いを素直に受け入れる気持ちを高めていきましょう。

> 授業を，間違いを受け入れられる場にすることが，素直で伸びる気持ちを育てることになる！

自らの考えを主張する力を

◆ 授業で存在感・有用感を味わわせる

　意見が飛び交うクラスは，自分を出すことのできる，自由闊達なクラスです。授業の場で発言するということは，自分の考えを披露することになり，発言の機会が多いほど，存在感が高まり，人柄も理解してもらえることになります。学校生活で最も重要度の高い授業時間に，意見を発表して自分を表現することは，存在感を確認することになります。また，クラスの役に立っているという有用感も味わうことができます。子どもには，できる限り多く，授業で発言する機会をつくってあげることが大切です。

> 　その意見，素晴らしいね。みんなも参考になったはずだよ！

◆ 指名による後押しを

　一般的に，挙手によって発言の機会を与える授業が行われています。しかし，挙手によっての発言では，発表できる子が固定化してしまいます。他の子にも発言の機会を持たせたいという思いから，「いつも同じ子ばかりじゃないか。他の人はどうなんだ？」などと，手を挙げない子を責めてしまう教

師がいます。手を挙げる子というのは，自信のある子や，人前で発表するのが苦にならない子です。「人前で話すのは恥ずかしい」「間違ってたらどうしよう」と思っている子が大勢います。それでは，いつまで経っても，自分の考えを人前で主張する力を身に付けさせることはできません。

　そこで，教師の指名によって強制的に発表させる方法にします。どの子も自分の意見を発表せざるを得ない状況をつくり出して，自己主張の訓練を行うわけです。最初は，うまく発言できない子も，機会を増やすことで，自分の考えを人前で伝えることができるように変わっていきます。

◆ 受け入れの安心感を味わわせる

　意見を主張することができないのは，「私の意見なんて誰も受け入れてはくれない」という気持ちが先に立つからです。自分に自信がないことに加え，周囲の友達を信頼できていないことが原因です。

　そこで，発表するのが苦痛と感じさせないような工夫が必要になります。例えば，発表の声が小さい子には，「いいこと言ってるよ。もう一度」と，話を聞かせてほしいと伝えたり，「隣の人，みんなに伝えてあげて」と，他の子の協力を求めたりします。教師が，その子の所まで行って耳をすませ，スピーカーの役割をするのもいいでしょう。友達が自分の意見を真剣に聞いてくれるという安心感を得られるような環境づくりを続けていると，子どもたちの聞く姿勢だけでなく，発表する姿勢も変わってきます。自分の意見が伝わるという安心感で，自信を持って意見を主張しはじめます。

> 子どもの自己主張力を育てるためには，発表機会を保障する授業の工夫と，安心できる環境づくりが重要！

周囲に配慮する気持ちを育てる

◆「公の場」での礼節を学ばせる

　授業は，同じ目的を持って集団で学ぶ「公の場」です。公の場では，自分勝手な行いは，もちろん控えなければなりません。周りの友達に迷惑がかからないように，学習のきまりを守って，ときには我慢しなくてはならないこともあります。発表の仕方も，言葉遣いも，公の場という意識を持たせながら指導する必要があります。休み時間と同じように，タメ口を言ったり，ぞんざいな態度をとったりすることを許してはいけません。
　教師の，「公私」の区別を意識して指導する姿勢によって，周囲の人の気分を害する言動に配慮する気持ちを育てていきましょう。

> 　授業中は，みんなで勉強する場です。姿勢や言葉遣いをちゃんとして，他の人に迷惑にならないようにしましょう！

◆ 学習規律が配慮の気持ちを育てる

　授業では，様々な学習規律を学ばせていきます。学習規律を守って授業に臨むことは，学力形成にとって有効なのはもちろんのこと，他の子の学習を

邪魔しないということにもつながります。
　１人１人の子どもが学習規律を守って授業に臨むことで，指導する教師も，一緒に勉強する友達も，気持ちよく学習することができます。
　学習規律を守り身に付けることは，自分自身のためだけでなく，「人への思いやり」の姿勢を育てることにもなります。人に配慮することができれば，自分が大切にされることも増え，そのことが自信や安心感を得ることにつながります。

◆ 思いやりの行動を学ばせる

　文字を丁寧に書けば，見る人が分かりやすい。ほどよい大きさの声で発言すれば，聞く人の耳に自然に入っていく。相手の話に真剣に耳を傾ければ，発言者も話し甲斐がある……。だからこそ，学習は丁寧に積極的に取り組ませる必要があります。また，発表した子の意見に対して，「バカじゃないの」などとあざける発言をしたり，冷ややかな態度で薄笑いを浮かべたりする子がいれば，授業を中断してでも，厳しく指導しなくてはなりません。文字の書き方や発表の仕方，聞く態度など，指導の仕方によって，思いやりの心を育てていきます。
　反対に，例えば，少数の「できる子」を中心にした授業を続けると，子どもの中に，「できる賢い子だけが大切」という偏った風潮を，つくり出してしまう危険があります。気をつけないと，教師がよかれと思って行っている指導が，知らぬ間に思いやりの心を奪っていることがあります。授業で行っている指導によって，思いやりの心が育つか否かがきまります。

> 授業が，公の場であることを意識し指導することで，子どもに周囲に対する気配りを学ばせよう！

多様な意見に触れる

◆ 違う考えを大切にする

　いつも元気で何ごとにもやる気を出して発表する子が，クラスに１人は必ずいます。時折，話し合いや発表などで発言するとき，少し的外れなことを言ったり，明らかに間違った答えを言ったりすることがあります。このような子に対して，「また，あいつか」などと冷ややかな目を向ける子もいます。しかし，他とは少し異なる考えを，積極的に発言してくれる子は貴重な存在として認識し，その子の意見を取り上げるようにしなくてはなりません。そのことが，多様な考え方に触れさせることになり，異なる考え方を受け入れる素地をつくることにつながります。

> 　たとえ間違っていても，色々な考え方を知っておくと，絶対に役に立つ！

◆ 異なることを応援する

　自分と異なる意見を受け入れ，的はずれだと思うことでも真剣に耳を傾ける。そういう大らかな心を持った子を育てることを目指さなくてはならない

と私は思います。これからの時代は，失敗に寛容になり，間違いを認めて許し合うことのできる人間関係をつくる力が，子どもたちを幸せにしてくれるのだと思います。そういう，「強い結びつき」を育てるために，授業で，多様な意見を交換し合うことが必要です。友達とは異なる意見であっても，それが当たり前だと考え，安心して出し合う雰囲気づくりができるのは，教師だけです。子どもたちは，人と異なることを異常に恐れる傾向がありますが，それは私たち教師の責任なのかもしれません。子どもが，友達と異なることに自信を持てるように，応援しなくてはなりません。

◆ 変わることを認め励ます

　友達の考えを聞いたり教師の説明を聞いたりして，自分の考えとは異なることに気づくことがあります。ときには，自分の誤りに気づくこともあるでしょう。それこそが，子どもにとって，大切な成長の場です。あくまでも自分の考え方に固執して，聞く耳を持たないままにするのか。「こんな考え方もあるんだ」と，受け入れる姿勢で検討するのか。どちらの姿勢を持つ子が，伸びる子なのかは言わずもがなです。

　間違いを素直に認めたり，異なる意見を受け入れたりすることができるように導くのも授業の大切な役割です。授業を通して，人はそれぞれの考えを持っていることに気づかせ，個々の意見を尊重する姿勢を育てることができます。そして，様々な意見を検討した結果，必要に応じて自分の考えを変える柔軟さを教えることも，授業の大切な役割です。人と異なる意見や間違いを大いにほめ，意見を変えることを認めるように心がけましょう。

多様な考えに触れることで，視野を広げ柔軟な思考を育てることができる。それを保障するのも授業の大切な役割。

「できる・分かる」で自信を持たせる

◆ 自力が自信を生む

　たとえ満点を取ったとしても，それが，教師や親から手取り足取り教えられながら得たものだったとしたら，子どもは満足感を得ることはありません。解を導き出すための苦労をさせず，教科書や参考書にある知識を与えるだけの授業は，学びの楽しさを子どもから奪っていきます。そのような授業は，知的好奇心を喚起することもなく，当然，「できた」「分かった」という自信を与えることもありません。

　授業は，学力形成の場です。しかし，単に知識や技能を身に付けさせるだけでなく，自尊感情を育む場でもあります。自尊感情を高めるためには，授業が楽しい時間である必要があります。その授業の楽しさこそ，「分かった」「できた」「がんばった」という，自分自身への自信です。

> どこが間違っているのか，自分で見つけてやってみよう。教えてもらって正解しても，うれしくないでしょ？

◆ 教師の力量が，自信を与える

子どもが意欲的に取り組む授業は，教師がつくらなくてはなりません。
　よく，「うちのクラスの子は，やる気がない」と愚痴を言う教師がいますが，子どもにやる気がないのではなく，教師が子どものやる気を引き出していない，さらには，やる気を失わせるような授業をしていることが原因です。何の工夫もせず，教科書や参考書通りに授業を流すだけでは，当然，子どもを夢中にさせることはできません。教材や教具，発問や授業の組み立てを工夫し，意欲的に授業に参加する授業づくりを追究しましょう。そのためには，教師自身が意欲的に授業について学ぶ努力を日々重ねなくてはなりません。私たち教師が，「仕事が楽しいことが充実した日々の基」だと感じるのと同じように，子どもにとっては，学校生活の多くを占める授業時間に意欲的に参加することが，学校生活そのものが楽しいものになっていく基です。

✦「できて当たり前」と思わない

　教師は，子どもに対して大きな期待を抱いています。そのため，「その程度のことは，やれて当然，できて当たり前」と思ってしまいがちです。しかし，大人からすれば簡単に思える計算や漢字でさえ，はじめて学ぶ子からすれば，難問です。すぐには分からなくて当たり前なのです。例えば，1年生の子にとっては，教科書を開いて10分間席に着いたままでいるだけでも，これまでの生活では考えられないことです。着席しているだけでも，すごいと思える感覚を，教師は持っておかなくてはなりません。「話が聞けてすごい」「手を挙げてえらい」といった言葉をかけてあげることで，子どもは自信を持ちます。がんばっているのだと，自分を認めることができます。

授業はやり方次第で，子どもに自信を与える場にも，自信を奪う場にもなる。授業力を鍛えて子どもの自尊感情を高めるのが教師の役割。

正直さ・誠実さを育てる

✦「分からない」と言えるクラスに

　指名されて，何も言わずにじっと立ったままでいる子がいます。ここで教師が，しびれをきらして，「考えておいてね」と，その場から解放してはいけません。もし，そのようなことがあれば，「分かりません」と言う正直さを子どもから奪ってしまいます。「時間をかければ分かると，みんなには思われたい」という，誠実さに欠ける姿勢を認めてはいけないのです。「分からなければ，何と言うのかな」と，必ず子どもに「分かりません」と正直に言わせましょう。その後「正直ですばらしい」と，みんなの前で大いにほめ，正直であることの大切さを伝えることが大切です。

> 　ずっと立ったままでいるのですか？　何と言えばいいのか分かりますね。

✦ ごまかしを見逃さない

　子どもが伸びるためには，ごまかしをせずに正直であり，誠実に努力する力を身に付けることです。漢字や計算を間違えると，こっそり答えを直して

マルをつけたり，返ってきたテストの答えを書き直して，「ここ間違っていないのですが」と言いにきたりする子がいます。教師が気づかないだろうと思って，点数をごまかそうとする姿勢を，そのままにしておくことはできません。もし，ごまかしが成功して，「得をした」などと思い違いをするようなことがあれば，その子にとってよくありません。将来，その子が周囲からの信頼を失うことのないように，またその子が力を伸ばすためにも，正直さを引き出す授業に努めましょう。

✦ 他の子の前で指摘しない

　子どもはできないことを，友達や教師に知られるのが恥ずかしい，少しでもよい点を取らないと恥ずかしいと思うので，ごまかそうとすることがあります。

　このような場合，気づいても，その場では見て見ないふりをしておく方がよいと考えます。勉強で間違えることよりも，間違いをごまかすことの方がよほど恥ずかしいことです。それは，低学年の子でも分かっています。ですから，「ごまかしてはダメ」と注意することは，他の子に「ズルをする子だよ」と言いふらすようなものです。他の子に気づかれないように，目線でサインを送ったり，個別指導したりしましょう。

　ごまかす子がいることは，日頃の担任の子どもへの評価の仕方や，学級経営に問題があると反省する必要があります。日頃から，教師が点数だけでなく，意欲的に取り組む姿勢や，間違えても発表する姿，授業を楽しんでいる態度など，子どものよさを様々な観点で評価していくことで，間違いや点数へのこだわりは薄れていくものです。

> 正直さが，信頼と能力の向上を保障する。「分かりません」「できません」と言える正直さを，授業で身に付けさせよう。

COLUMN

授業では「ねらい」とは別の力も付けることができる

　授業の「ねらい」と言えば，各教科それぞれの学力のことです。しかし，特に小学校においては，授業は各教科の学力を習得するだけの場ではありません。授業を通じて，子どもは人格形成に関わる力を身に付けていきます。

　授業がはじまれば，子どもは授業に参加せざるを得ません。授業は，「やるべきことをやる力」を身に付ける場です。暑い夏の日や寒い冬の日，月曜の朝や休み時間の後などは，授業を受けるのが苦痛なときもあります。しかし，子どもは暑さや寒さ，自分の怠け心と闘いながら学習しなくてはなりません。授業は，ときに「忍耐力」を身に付ける場にもなります。そして授業は子どもの「集中力」を磨く大切な場です。また，授業中は勘違いしたり計算ミスをしたりして間違えてしまいます。そのとき素直に誤りを認め，自分の考えを柔軟に変えられる謙虚さが大切です。授業は，「素直さ」「謙虚さ」を学ぶ場になります。人前で発表するには勇気を必要とします。子どもにもプライドがあります。間違いや失敗の不安に打ち克たなくてはなりません。授業は，子どもたちの小さな「勇気」のおかげで成立します。ほかにも，「自主性」「協調性」「受容性」など，授業中に子どもたちは，人格形成に関わる様々な力を身に付けていきます。

　授業を人格形成の場と考えることによって，学校生活の中で時間的にも重要度でも大きな比重を占める授業への，取り組み方の意識が変わるはずです。

Chapter4

ここぞの場面を見逃さない！
生活指導で鍛える
レジリエンス

あいさつ指導は心構えづくりの基本

◆ あいさつは気持ちよく教師から

　出会っても，あいさつを交わさずに行ってしまう子がいます。あいさつは人間関係の基本ですから，しっかり指導する必要があります。しかし，厳しく強制して，互いに気分が悪くなるというのでは，意味がありません。そこで，最も効果的な指導方法は，教師が率先してあいさつをすることです。黙って行き過ぎようとする子に一言声をかけてみて下さい。「あいさつをしなさい」と指導しなくても，ほとんどの子があいさつを返してくれます。毎日繰り返すうちに，進んであいさつをする子が増えていきます。子どもにあいさつを身に付けさせたいのなら，教師が率先してあいさつを心がけましょう。

> おはようって返してくれて気持ちいいよ。ありがとう。

◆ 返ってくるまであいさつする

　こちらが「おはよう」「さようなら」とあいさつをしても，返してくれない子がいます。恥ずかしそうにうつむいて通り過ぎたり，逃げるように走っていったり，中には無視する子もいます。あいさつが返ってこなかったら，

もう一度元気にあいさつし直します。ほとんどの子は，それであいさつを返してくれます。しかし，中にはそれでもあいさつを返さない子がいるかもしれません。そのようなときは，その子の正面に立って，再度元気にあいさつをします。あいさつを返すまで，何度でもしつこくあいさつを続けるのです。あいさつを返してきたら，大いにほめることで，あいさつの大切さを理解させていくことができます。

◆ 継続して指導する

「あいさつ週間」が終わり，学級での確認をして数日たてば，すっかり元に戻ってしまうのが普通です。子どもがあいさつをしなくなってきたと感じたら，再度あいさつの大切さを確認したり，教師自らあいさつ運動を活発に行ったりします。

たかがあいさつ１つのことですが，一朝一夕で子どもに身に付くものではありません。子どもの身に付けさせるには大変な労力を要します。あいさつは，なかなか身に付くものではないと考えて，肝を据えて繰り返し指導するようにしましょう。そもそも，学校で指導するだけでは，あいさつをする習慣を身に付けさせることはできません。家庭や地域で頻繁にあいさつを交わし，人と出会ったらあいさつをするのが当たり前という環境をつくることが最も効果的です。学級通信や保護者会を通じて，保護者に協力を呼びかけることも必要です。学校で地域の協力を得ることができるよう，管理職を中心に取り組みを進めることも必要でしょう。

あいさつを交わすことで，相手だけでなく自分自身が気持ちよくなる経験を積ませることが必要！

元気な返事を返す力を育てる

◆ 人間関係を築く基礎

「返事」とは，「答えること」を指します（広辞苑）。つまり，相手の行動に対して何らかの反応を示すことです。話しかけられたら，言葉によって返事をするか，うなずいたり目を合わせたりといった行為で，相手に意思表示をしなくてはなりません。相手に何らかの反応を返すのが礼儀というものです。話しかけられても，何の反応もしないというのでは，相手の気分を悪くしてしまいます。人間関係を円滑にし，気持ちよく生活をすることができるように，返事の指導は大切です。

> 何も反応がないと，ショックだよね。だから，呼ばれたら返事をすることは大切なんだよ！

◆ あらゆる機会に返事を

返事のできる子にするために，できる限りあらゆる場面で返事をする場面をつくり出します。そのために，あらかじめ
「先生に呼びかけられたら元気に返事をしましょう」

と言っておきます。このように言っておけば，返事をしなくてはならないということを忘れることはなくなります。返事をすることを確認した上で，「○○さん」と指名して発表させたり名前を呼んでプリントを配ったりします。全員に指示を出すときも，「みなさん……」と呼びかけて，返事を待って指示を出すようにします。子どもの中には，元気よくしっかり返事のできる子がいますから，その都度ほめるようにします。

　返事ができるようになると，元気も出ますし，人に好感を持たれるようになり，気持ちよく生活することができるようになります。

◆ 反応する力を

　名前を呼んで，「はいっ」と元気に返事が返って来ると，誰でもその相手に対していい印象を持つことができます。はきはきと元気に返事ができるということだけなのですが，それで大きな得をすることになるのです。とは言っても，中にはそのような態度をとることが苦手な子もいます。そのような子には，小さな声でも，首を縦に振るだけでも，とにかく何らかの反応を相手に返すことを身に付けさせなくてはなりません。問いかけられて，何の反応も示さないでいると，相手の気分を害してしまうことは必至です。たとえ，大きく元気のいい返事ではなくても，小さな声や首を縦にふるなどの反応を返してきたら，

「先生の話をちゃんと聞いてくれていたんだね。うれしい」

などと，必ずほめるようにして，絶対に叱らないようにしましょう。返事とは，答えることなのですから。

> 返事をする力が，周囲との関係を円滑に築く手助けとなる。それが子どもの幸せにつながると信じて，指導を続けよう！

忘れ物は自分で解決させる

◆ 助け舟を出さない

「三角定規を忘れました」「教科書を家に置いてきました」
　このような子どもの報告に対して，結局教師が助け舟を出すような指導をよく見かけます。反省を促すためのお説教をした後で，
「先生の貸してあげるから」「隣の人に見せてもらいなさい」
といった指導です。このような指導を続けていると，「忘れ物をしても，何とかなる」「最後は，先生が何とかしてくれる」と子どもに教えることになります。忘れ物の指導で重要なことは，「忘れ物をすると自分が困る」と思わせ，「自分で解決しなくてはならない」と行動に移させることです。

> 忘れたのか。さて，どうしたものかな。先生は分からないよ。

◆ 困った状況に置かせる

　子どもが，「三角定規を忘れました」などと言ってきたら，「それはよかった」と返してみたり，「先生には，どうしていいか分からないよ」などと，明るく優しく突き放したりするようにします。教師の予想外の反応に，子ど

もは驚いた顔をするでしょう。心の中で，「先生が，何とかしてくれると思っていたのに」と，思っているはずです。困惑している子に，もう一声後押しします。「それで？」「どうするの？」「自分で考えなくてはいけないよ」などと，指導するのです。誰かが何とかしてくれるという甘い考えを持っているうちは，本当に困ったとは感じません。自分の力で何とかしなくてはならないということを実感させることで，子どもは，真剣に忘れ物について考えはじめるのです。そして，自分自身で解決していく経験が，子どもの回復力を鍛えることになるのです。

◆ 考えさせ行動させる

　忘れ物を指導することは，子ども自身に考えさせる絶好のチャンスです。ただ単に「忘れ物をしてはいけない」と，教えるだけでなく，自分で考えて反省し，行動を改善しようという気持ちを育てることが必要です。
　そのための指導方法のポイントを下に記します。
①「忘れた理由」を必ず考えさせる（うっかりしていた，探さなかったなど）
②「どうしようと思うか」を考えさせる（借りる，代わりのものを使うなど）
③「次はどうするか」を考えさせる（準備の仕方，もう一度探す，買うなど）
④「次も忘れたらどうするか」を考えさせる
　忘れ物をしたと報告にきたら，必ず問いかけながら，子どもに考えさせ，子どもの口からどうするか言わせるようにします。教師が，お説教をして反省を求める指導法よりも，子どもにとっては数段厳しい指導のはずです。

忘れ物をしたら，忘れ物をして困るのは自分だと実感させることが大切。そこから，本気の反省と改善が始まる！

整理整頓で変化の大切さを理解させる

◆ 環境が気持ちをつくる

　どのクラスにも，整理整頓が苦手な子が必ずいます。机の中をのぞくと，プリントやテストがクシャクシャに入っていて，勉強道具が今にも崩れ落ちて飛び出しそうな状態で押し込んであります。ひどいときは，給食で残したカビの生えたパンまで入っています。

　自分の机だから，汚くても構わないと思っているのかもしれません。しかし，中のものが崩れ落ちて床に散乱すると，他の子に迷惑がかかります。大切なプリントが何日も放置されていると，学校も家庭も困ったことになります。さっぱりした教室環境で生活することで，けじめが生まれ，気持ちも引き締まり，気持ちが安定します。

> 　身の回りがきれいになると，気分もスッキリして明るくなった気がするよね！

◆ 整頓を促す指導法の工夫

　床の上に落ちているものをそのままにしておくことは，所有権を手放した

と見なすと伝えておきましょう。しばらくの間床に落ちていたものは、教師のものということにします。「この消しゴム、先生のものに決定！」などと、できる限り明るくユーモラスに指導することが大切です。子どもは、教師の言葉で、慌てて自分の持ち物を確かめはじめます。また、何日も前の保護者宛の連絡プリントが机の中に丸めて放置されることのないように、配布されたプリントは、そのときに必ず連絡帳にはさんだり連絡バッグに入れたりして、すぐにランドセルに入れさせるようにします。保護者にも、必ず毎日ランドセルを点検してもらうように協力をお願いしておきます。

　整理整頓の意識付けと習慣付けをしていくことで、成果が目に見える形であらわれれば、「がんばれば、変わることができる」という実感を子どもに持たせることができ、子どもの自信につなげることができます。

◆「きっかけ」を教える

　毎日下校前に整理整頓をさせることができれば、理想的です。しかし、忙しくて、そういうわけにいかないときもあります。また、高学年にもなれば、毎日教師に、整理整頓をしなさいと指示されることを拒絶する子も出てきます。

　そこで、参観や研究授業など多くの人が教室を訪れる機会を利用して、整理整頓させましょう。「身の回りを見られても大丈夫ですか？」と問えば、特別指導しなくても、整理整頓をはじめるでしょう。「そろそろ整頓しなくては」と、自分で判断し行動に移す「きっかけ」を教えていきましょう。

整理整頓をすると、身の回りだけでなく、気分もスッキリする。整理整頓を習慣づけることで、気持ちの切り替えやけじめの大切さを教えよう。

掃除で逃げない気持ちをつくる

◆「自分との闘い」の場として

　子どもにとって掃除時間は，学校生活の中で最も嫌な時間の１つです。子どもが掃除をしている様子を見回ると，ダラダラと掃いたり拭いたりするふりをしている子がたくさんいます。教師の姿が目に入ると，急に態度を変えて一生懸命掃除をしはじめる子が多くいます。このような掃除の仕方では，貴重な時間を割く意味がありません。教師の前でだけ真面目にやって，目を盗んで怠けることを覚えるくらいなら，掃除の時間などない方がましです。

　誰が見ていようが見ていまいが，自分の心に正直に行動することが大切です。嫌なことや苦しいことに打ち克って自分を律して行動する，誠実に行動する。掃除の時間は，子どもの心を鍛える時間だとも言えます。

> 掃除時間が嫌だという子は多いだろう。でも，掃除をさぼることは，嫌なことから逃げ出す，弱い自分に負けることだ！

◆弱い心に対して指導

　何度注意しても，あまり改善が見られない子，さぼり癖が抜けない子に対

しては，厳しい指導も必要です。例えば，「掃除をさせない宣言」をして，「注意されなくてはできないようなら掃除をやってはいけない」と言い渡します。「掃除するな」と言われると，子どもは不安になります。いたたまれなくなって，「掃除をさせて下さい」と言ってきます。子どもが十分反省している頃合いを見はからって，以後自分自身に恥じないような掃除ができるなら許可するなどと指導をします。ときには，自分の弱い心を恥じさせることで，反省と改善の姿勢を育てることが必要です。

　教師の目を盗んでさぼる子がいる一方で，教師の目が有るなしに関わらず，一生懸命に掃除をする子がいます。子どもと一緒に掃除をしたり，見回りをしたりしていると，そのような子は，すぐに分かります。その子に対しては，個人的にも他の子どもの前でも大いにほめます。叱るポイントと同じで，「自分に負けずにがんばっていた」「先生が見ていたか否かに関わらず行動できた」ことをほめるようにします。

✦ 自律を促す

　「自律の基礎を育む」ために，子どもに「強さ」とは何かを考えさせるようにします。「そうじは嫌い・つらい」「先生が見ていない所でさぼる」のが普通です。そこで，嫌いなことやつらいことから逃げることは，「弱い心」であること，反対に嫌なことやつらいことに克つことが「強い心」であることを教えます。ポイントは，「嫌なことから逃げたこと」「誰も見ていないところで怠けたこと」に対して厳しく指導を行うことです。

掃除は，嫌だからこそやらせる価値がある。怠け心と戦い，弱い自分に打ち克つ力を育てよう！

時間厳守で当たり前のことができる自信を

◆ 進んで守る姿勢を育てる

　授業開始のチャイムが鳴っても，教室に戻ってきていない子がいる場合があります。遅れてくる子は，チャイムが鳴った後も，「少しくらい大丈夫だろう」という考えの子がほとんどです。遅れている子がくるのを待って，授業をはじめる人がいますが，大多数の子は，時間を守っているのです。遊んでいて授業開始時刻に遅れてきた子を待つことは，真面目にやっている子をないがしろにすることです。ですから，チャイムが鳴ったら，時間通りに授業をはじめるべきです。委員会や当番の仕事で遅れた子は，もちろん待つべきですが，遊んでいて遅れた子を待つのは，「少々遅れても，待ってあげるよ」というメッセージを子どもに送ることになります。

　「時間は守らなくてはならない」と，子ども自ら気をつけて行動する力を育てることが，「自分でできた」という自信につながります。

　では，この次を読んでもらいます。そこの人たち（遅れて教室に入ってきた子），続きを読んでみなさい！

◆ 意識改革は小学生から

　一応時間を守って，指定場所に集合してはいるのですが，無駄話をしながらダラダラしている場合があります。このような行動もまた，時間に無頓着な行動ということができます。時間を大切にするということは，無駄を省いて効率的な行動をすることです。物事に素早く取りかかり，集中してやるべきことをやることをやる力を身に付けさせる必要があります。例えば，体育の授業で，集合をかけても，おしゃべりしながらゆっくり歩いて集合する子がいます。このような行動に対しては，できるまで何度でもやり直しを命じることで，時間を無駄に使うと，とても苦労することになると，理解するように指導することが大切です。掃除の取りかかりが遅い子がいれば，時間を無駄にした分だけ，休憩時間を削るなどして，時間を大切にして，集中して物事に取り組まないと，結局は損をするという意識を持たせるようにしなくてはなりません。「働き方改革」が叫ばれている現在，時間に対する意識改革は，小学生のうちから学ばせる必要があります。

◆ 子どもの指標になる

　子どもに時間を守らせたいと思えば，教師自らが率先して時間を大切にする姿勢を示すことです。

　時間を守れと言っている教師が，授業開始時刻を守らないというのでは，「少々，時間に遅れても大丈夫」と，教えているようなものです。子どものよい手本となるように努力する姿勢が，「努力すること，実行することが大切」という意識を子どもの中に育てることにつながります。

> 時間を守り，大切にする姿勢を身に付けさせることが，将来の子どもの「働き方」「生き方」の基礎になる。

ウソ・言い訳の指導で信頼される子に変える

◆ 信頼を失う子に育てないために

　叱られたり注意されたりすると，ウソをついたり言い訳をしたりする子がいます。ウソや言い訳の多い子は，ウソをついたりごまかしたりして言い逃れをすることができると思っています。このような子は，頭の回転が速く機転もきく子です。もっともらしいことを言うので，思わず指導をやめてしまいそうになります。しかし，指導をやめるということは，言い訳やウソを認めることになり，指導した教師が「間違った指導をした」ことになる恐れもあります。最悪なのは，「ウソをついてごまかせば，うまくいく」という考え方を子どもに持たせてしまうことです。周囲から信頼を失う子に育てないためにも，ウソやごまかしには，厳しく対することが必要です。

> 　過ちを素直に認める強さを持つことが，人から信頼を集め，自分を伸ばすことになるんだよ！

◆ 絶対に許さない

　ウソや言い訳をしているかどうかは，周囲の状況や本人の態度で，分かり

ます。「怪しい」と感じたら，注意している事象をさておいて，ウソや言い訳をしていることへの追及に，指導を切り替えます。言い訳をせずに，正直さを教師が求めていることを伝え，ウソや言い訳に厳しく対処する姿勢を子どもに見せることが必要です。ウソを押し通そうとしたり，言い訳をしたりして自分の非を認めようとしない場合は，個別指導に切り替えて，じっくり指導する必要があります。このように，「言い訳やウソは絶対に許さない」という態度でのぞまなくてはなりません。子どもの言動に少しでもウソや言い訳の怪しさを感じたら，「ウソをついて逃れようとしているのではないか」と疑ってみる必要もあります。

✦ 正直さは，とにかくほめる

　ウソや言い訳について指導した後は，必ず最後に，自分の非を正直に認めたことをほめて終わるようにしましょう。子どもに，「正直が大切なのだ」と，感じさせることが大切です。

　例えば，誰が食器を返し忘れたのか名乗り出ないというような場合があります。「名乗り出れば怒られるから，黙っておこう」ということです。この雰囲気を壊すために，ほんの些細なことから，「正直さをほめる」ようにします。落とし物の持ち主が名乗り出たら，「正直でよろしい」とほめ，提出物の出し忘れを報告したら，「正直に言ってくれて助かった」とほめる……。その繰り返しで，子どもたちは，「この先生は，正直に言えば怒らない。反対にほめてくれる」と感じるようになり，安心して正直に報告できるクラスになっていきます。

正直に自分の過ちを認め反省する姿勢を，何をさておいてもほめるようにして，正直が一番大切だと伝え続けよう！

器物破損は責任感を鍛えるチャンス

◆ 責任を感じさせる場に

　窓ガラスや花瓶，鉛筆削り機やドアなど，子どもが学校のものを壊してしまうことはよく起こります。ものを壊す状況は様々で，故意に壊す場合があれば，思いもよらない事故で壊してしまう場合もあります。状況によって指導の仕方は異なるので，本人や周りの子からの報告と，壊れたものの状態から，事実確認をしながら指導することが大切です。

　壊したのは，まぎれもなく自分の責任であるということを子どもに認めさせ，みんなのものを壊した責任をどのように取るのかを考えさせ，最後まで責任を持って対処させることが大切です。ものを壊したときは，「壊してしまった」「どうしよう」と，しっかり責任を感じさせるようにしましょう。

> 　なぜ壊してしまったのか，校長先生に自分で説明しなさい。そして，どうすればいいか，考えなさい。

◆ 責任感を鍛える指導を

　一通りお説教で叱るだけで終えるのではなく，「責任」を教えることで，

将来必要になる責任感を鍛えていく場にしなくてはなりません。例えば，不注意で給食をこぼしてしまった子がいたとします。責任の取り方として考えられるのは，「不注意でこぼしたことを謝る」「こぼれたものを片付けて，きれいに掃除する」「不足しているものを補充する方法を考える（給食室に行く，自分の分を与えるなど）」など，たくさんあるはずです。それを，教師が「こうせよ，ああせよ」と，指示命令してしまうと，子どもの責任を取る力が鍛えられることはありません。知らぬ間に「先生が何とかしてくれる」と，責任感のない子を育ててしまうことになります。子どもの責任感を育てるのも潰すのも，教師の指導にかかっています。

✦ 責任感は鍛えて身に付けるもの

　責任は，立場によって軽重が異なります。会社の中で，社長が負うべき責任と，新入社員が負っている責任は，重さが全く違うことを考えれば分かります。

　子どもが負っている責任は，大人が負っている責任に比べれば，大したものではないように思われます。しかし，きま

りを守らず，教室で騒いで花瓶を壊してしまった子にとって，教師の前に出ることは，相当の勇気が必要です。その心の負担を抱えながら教師の前に立つことこそ，その子の「責任」であり，責任感を鍛えることにつながります。幼い頃から，年齢に見合った責任を果たしていく訓練をしないで，大人になっていきなり，大人が負うべき責任を果たすことができるはずはありません。

責任は，人の年齢や立場に応じて軽重が異なる。将来，果たすべき責任に耐えられるよう，小学生の頃から鍛える必要がある！

損得勘定抜きで行動できる子に

◆ 子どもの本心を見抜く

　教師の前では模範的な態度で活動し，リーダーシップをとっているのですが，よく観察してみると，自分の都合でみんなを納得させ，損な役割を友達に回して目立つ役割をするような子がいます。このような子は，教師に気に入られたいとアピールする言動が多かったり，自分が損をしないように話をまとめていったりといった行動が多く見られます。教師の評価を得るために，場合によっては友達に損な役割を負わせています。小学生のうちは，このやり方でうまくいったとしても，将来，周囲から批判を受け孤立する恐れがあります。異常とも感じられるような模範的な態度の子や，「いい子だよ」アピールをする子がいたら，「自分勝手な心」が根底にないかどうか，よく観察して見抜き，指導する必要があります。

> 　いい行いは，誰かにほめられるためにやるんじゃないよね。誰かが見ていなくてもやることが，素晴らしいんだ！

◆ 見栄えにとらわれない力を

代表のあいさつなど，目立つことばかり意欲的に活動して，教師や友達にアピールするような子がいます。一見模範的な子と思われがちですが，目立つためだけのアピールだとすれば，それは問題です。それは，見栄えを異常に気にする気持ちがあるということです。見栄えばかりに固執すると，物事の本質や人の気持ちを考えられない人間に成長する危険があります。例えば，テストで100点を目指す場合，見栄えだけを重視し始めると，カンニングや不正をしてでも，100点が大切だ，となってしまいます。100点を取るためなら，人を貶めてでもやってしまう人になるかもしれません。見栄えだけを大切にして，陰では胸を張ることのできない行動をして，平然とした顔ができる子にしてはいけません。

◆ さりげない行動を認める

　本棚を整理したり，置き忘れられた給食の食器を運んだりといった，子どものさり気ない行動は，人をさわやかな気分にしてくれます。それをしたからといって誰にほめられるわけでなく，自分が得をするわけでもないけれど，自然に体が動くというような子がいます。

このような，裏表なく心からよい行いが自然にできる子に育てたいものです。そのためには，教師が日頃から子どもをよく観察して，さり気ない行為を評価してほめることが必要です。教師の，子どもを見る力を高めることで，誰が見ていようがいまいが正しい行いや優しい行いをできることは素晴らしいと子どもたちに伝えていくことが大切です。

> 損得勘定なしに，人のためになる行動，正しい行動ができる力を育てることが重要。見栄えではなく，本心を評価しよう！

固執から解放する

◆ 柔軟な姿勢を育てる

　自分の考えに執着し過ぎて，友達の意見はおろか，教師の言葉にさえ一向に耳を傾けることができない子がいます。理論的に考えて判断するのではなく，「自分の考えを押し通したい」「人の考えを受け入れたくない」と，意地になって自分のやり方を通そうとします。「こうした方がいいよ」と助言しても無視したり，ときには拗ねて怒り出したり泣き出したりします。このような子は，友達とのトラブルも多く，周囲から孤立していき，さらに意固地になってしまいます。こうした子には，その子と同じく，誰もがそうした思いを持っていること，ときには我慢して意見を譲らなくてはならないこと，様々な意見を受け入れることが自分を成長させることを理解させなくてはなりません。

> 　君と同じように，誰でも怒るし悲しくなる。友達も君と同じで，一生懸命考えているんだよ。

◆「解放は楽」と分からせる

「恋は盲目」と言われる通り，1つのことにとらわれると，周りが見えなくなり，物事を正常に判断することができなくなります。ストーカーで刑事事件になる人などは，執着心にとらわれて人生を台無しにしてしまう典型と言えます。自分の意見に固執して，自分の考えを周囲に押し付けようとする子は，自分勝手で，わがままだと頭では理解できています。しかし，気持ちが許せないのです。その葛藤で心が乱れ，駄々をこねたり泣き出したり，暴力をふるったりしてしまいます。このように苦しんでいる子を見ると，かわいそうになります。他の子の考えを取り入れる力や，1つの考えにとらわれず，意見を変える力を付けてあげることが，執着心から解放する力になります。その力を是非とも育て，楽しい時間を増やしてあげたいものです。

◆ 解放の心地よさを実感させる

　強情な子ほど，プライドが高いものです。プライドが高いから，自分の意見を譲れないのです。意見を譲ることで，「あなた間違ってるよ」と思われることが恥ずかしいからです。自分が拗ねていることを教師や他の子に知られることも，プライドを傷つけられることの1つです。子どもが強情を張ったり拗ねたりした場合は，気づかないふりをして，そのままにしておきましょう。

　また，日頃から，様々な考えを受け入れていくことの大切さを教えることが大切です。よりよい方法や考えがあり，それらは様々な人々が考えを出し合う中で見つけることができるということを，日々の生活や授業で体験させることが必要です。意見を受け入れている子を認める姿を，どんどん見せるようにしましょう。

> 1つのことや，自分の考えに執着すると，気持ちも苦しくなり，視野を広げることができない。子どもを開放する取組を工夫しよう！

COLUMN

犯罪を未然に防ぐために

　青少年による犯罪が社会問題として大きく取りざたされるようになって，久しくなります。データを見る限り，青少年の犯罪件数自体は，1990年代後半をピークにして，減少傾向にあります。しかし，少年犯罪が減少を続ける一方で，いじめに関連する事件による検挙・補導者の増加や，初犯者の低年齢化など，新たな問題が起きています。いじめや犯罪の低年齢化への対策は，学校現場で子どもを直接指導する私たち教師にとって，喫緊の課題になっています。子どもたちは，なぜ，いじめや犯罪につながる問題行動を起こしてしまうのでしょう。子どもたちを取りまく社会の変化や，家庭環境など，その原因は様々であり，いじめや犯罪行為の原因を特定することは，もちろんできません。しかし，子どもたちを指導する学校・教師としては，いじめや犯罪行為を未然に防ぐような指導を，学校教育の中で進めていく責任があります。

　学校で起こるトラブルに対応し，子どもが抱える課題を解決するためには，人を傷つける行いや，大勢で1人の人間を責めたり無視したりするような卑怯な行い，自分の利益のために人を陥れるといった人の道に反する行いに対して，毅然とした姿勢で向き合い厳しく戒め指導することが必要です。たとえ，子どもがショックを受けたり指導中に泣いたりしたとしても，子どもの将来のためと考えれば，小学生の精神が柔軟なうちに，正しい道に戻してあげるのが教育というものです。

Chapter5

つながりが多様な時代だからこそ！
関係づくりで鍛える
レジリエンス

対等・平等の心地よさを実感させる

◆ 力による支配の恐ろしさ

　何をして遊ぶか，後片付けはどうするか，役割分担をどうするか……などは，本来は，話し合いや譲り合いなどによって決めていかなくてはなりません。ところが，自分の都合のいいように役割を決めてしまって，自分の要求を無理に押し付ける子がいます。他の子から不満が出ると，威圧して力づくで押し付ける子がいます。友達に対して，明らかに優位な立場にある子が，このような，対等な話し合いではなく，弱い立場の子に対して要求をのませようとする姿は，とても威圧的で，「いじめ」の危険性すら感じられます。仕方なく従わざるを得ない子にとっては，毎日が不満と恐怖の連続です。威圧して思い通りにしている子も，本当の友達関係を築くことができません。双方にとって不幸なこのような関係は，早く解消しなくてはなりません。

> 　力の強弱でつながっている関係は，本当の友達じゃないよ。何の心配もなくお互いに好きなことを言えるのが，本当の友達なんだから。

◆ 平等な関係は教師がつくる

子どもたちが友達との関係を築いていく場が学校です。子どもたちの中に，「力による関係」があるとすれば，それは学校で形成されていると考えるべきです。特に最近は，子どもが友達と接する機会は，学校にいる時間が最も多くなっています。何も指導しないでおくと，力による階級ができてしまい，弱い子は強い子の言いなりにならざるを得ない関係がつくられてしまいます。対等ではない関係が子どもたちを支配しているときは，教師が何も指導をしていないということです。そのよい例が，学級崩壊によって教師の指導が全く行き届かなくなったクラスです。力の強い子が，好き放題な行動をして他の子を虐げる現象が，必ず現れます。

　子どもに，対等で平等な関係を築かせるためには，教師の力が不可欠です。教師がクラスの統率者として，圧倒的な存在感を持つことで，すべての子が安心して生活することができ，対等な関係の中でトラブルを克服する経験を積みながら，成長することが可能になります。

✦ 力の使い方を考えさせる

　力によって自分の思い通りにしようとする者を，本当に好きになり信頼する人などいません。
「嫌われ者になっていないか？」
と問いかけて，自らを振り返らせるようにしましょう。
　また，威圧的に友達に接する子は，自分の力の使い方を知らず，間違った使い方をしています。自分の持っている力の使い方を考えさせ，正しい方向に力を発揮できるように導いてあげることが大切です。

> 対等で平等な関係の中で起きる友達関係のトラブルと，その解決の経験が，心を鍛え回復力を育てる学びの場となる。

気持ちの共有で安心感を

◆ 気持ちの共有が自信と肯定感を生む

　友達に迷惑をかけたり，いたずらをしたりしたとき，「人の気持ちを考えなさい」と，注意することがあります。教師から言われて，その場面では，反省もし，納得もするのですが，他の場面にまで応用することは難しいのが子どもというものです。そもそも，人の気持ちを考える機会が，トラブルを起こして指導される場合だけということが，経験不足につながっています。もっと，様々な場面を活用して，日常的に，友達も自分と同じように，喜んだり悲しんだり怒ったり不安に思ったりするということを分からせていかなくてはなりません。友達も「自分と同じ感情を持った人間である」ということを実感することができれば，様々な出来事を肯定的に捉えることもでき，もっと気楽に対処することもできるようになるはずです。

> 　怒ったり，不安になったり，うれしかったりするのは，隣の友達も同じなんだよ。

◆ 不安な気持ちを共有する

　例えばクラス替えの日，教室に入って不安なのは自分だけではないということに気づかせます。みんな同じように「仲よくなって楽しく過ごしたいとい」とう思いは同じなのだということに気づかせることから，気持ちの共有がスタートします。
　「新しいクラスになって，教室で座っていたときすごく不安だった人」
と言って挙手させます。全員手が挙がったところを見計らって，
　「周りを見てごらん。みんな手を挙げているね。みんな同じだね」
と確認させます。教師が，子どもの気持ちを代弁していくことが大切です。
　「不安なのは，みんな同じような気持ちだったんだね」
　子どもは，教師が言葉にしてあげないと，自分の不安や友達との共通点に目を向けることはありません。教師がしっかり言葉にしながら，子どもの心に染み込ませていくことが大切です。

◆ 楽しさを共有させる

　不安や怒りだけでなく，楽しさも共有させることが大切です。楽しい気持ちや喜びを共有すると，友達との結びつきはさらに強くなります。たとえトラブルが起きたときも，「すぐに解決する」という安心感ができます。楽しい経験を共有すると，本音で関わることができるようになります。すると，互いが本気でぶつかり合う機会も増え，それが人間関係を築くための学びの場となります。楽しいことを本気でやれる友達関係の中でこそ，トラブルに対する回復力を鍛えていくことができます。

> 互いを理解し信頼関係が深めさせるために，気持ちを共有させる指導を行おう。相手を知る安心感が，心を強く保つことにつながる。

前向きに考える習慣を

◆ 考え方1つで幸せになる

　昔から，私たち日本人は，謙虚で慎み深いことを大切にしてきました。それは素晴らしいことなのですが，今一つ自分に自信を持つことができない人が多くいます。また，他人の言動をマイナス方向に受け取ってしまい，苦しんでしまうことも多々あります。それらのことは，子どもにも同じことが言えます。同じ事象が起きても，プラスに捉えるのか，マイナスに捉えるのかによって，満足感や幸福感に大きな差が出てしまいます。未来ある子どもたちですから，物事を前向きに捉える力，プラスに考える力を育てなくてはなりません。

> 　失敗して落ち込んで終わるのではなく，「失敗は成功のもと」と思うことができる心をつくることが幸せになる秘訣だよ！

◆ 心の持ち方を学ばせる

　子ども同士のトラブルは，ほんの些細なことがきっかけで起こります。「あの子ににらまれた」「悪口をささやかれている気がする」「嫌いと思われ

ている気がする」……。傍から見ると，そんなこと放っておけばいいのにと思えるような些細な友達の言動を気にして不安になる子が，増加傾向にあります。しかし，当の本人たちにとっては大問題です。誤解を解いて安心させながら，思い込みが過ぎると気づかせて，友達の言動をプラス方向に考える習慣を身に付けさせる必要があります。教師に，「気にし過ぎ」「考え過ぎ」という確信があれば，最も迅速で効果的に指導できるのが，当事者同士を会わせて確認する方法です。大抵の場合，「にらんだ」と言われた子は，何のことか理解できずに驚くものです。本当にトラブルがある場合には，当事者同士で確認するのではなく，全体の場で「誰も，もめたいと思ってはいない」など，気持ちの共有をした後に，気になる子がいるときは，「その子の言動をプラスに捉えれば，苦しい思いをしなくてすむ」ことを伝えます。「目があったら，話をするチャンスだと思う」くらいにポジティブな姿勢を目指して指導しましょう。

◆ とにかくポジティブに

　特に柔軟性のある子どもの時期は，周囲の環境から様々なことを学び取ります。子どもをポジティブに育てるには，周囲の大人がポジティブであることです。教師は，子どもと関わる時間が長いので，教師がポジティブな姿勢を見せることで，子どもは自然にポジティブになっていきます。例えば，友達とケンカをした子に「よかった，ケンカできる相手がいるっていいね」と，叱った後に，「今のうちに叱られておいてよかったよ」と，「前向きな姿勢とは，こういうことだよ」と，行動で示すようにしましょう。

> ネガティブな考え方，ものの捉え方をする子の癖を直すには，教師自らがポジティブな思考力を身に付けて子どもに示すことが必要。

ケンカでトラブル解決法を学ばせる

◆ ケンカはあって当たり前

　学年が上がるにつれて，周りが徐々に見えてきはじめるとは言え，自分を中心に物事を考えるのが子どもです。新学期が始まって1か月も経つと，子ども同士のケンカや言い争いが増えてきます。これは，友達に自分の我を出すことができはじめた証拠です。同じクラスで生活していると，友達との関わりが多くなり活動も活発になってきます。当然，友達とぶつかることも多くなってきます。小学生の時期は，友達関係の築き方を学びはじめる時期なので，ケンカや言い争いはないよりもあった方がむしろいいと思います。

> 　どうして，相手は怒ったのだろうね。自分の行動の何が相手を怒らせたのか，よく考えてごらん。

◆ ケンカは人間関係を学ぶ場

　ケンカや言い争いが起きると，子ども達が，「先生○○くんが……。○○さんが……」などと，言ってくることがあります。このようなとき，教師が解決しようとしてはいけません。「ここが悪い」「ここを反省しなさい」「相

手に謝りなさい」などと，教師が収めてしまうと，子どもの解決する力を奪うことになります。ケンカは，人間関係を学ぶための大切な場です。子どもの力を伸ばすために，必ず子ども自身に振り返らせ考えさせるようにしましょう。

①なぜ相手がそのようなことをしたのかを確認したかどうか
②相手に対して自分の気持ちを伝えたかどうか
③その後の相手の反応を確かめたかどうか

といったことを，子どもが自分の力でできるように育てなくてはなりません。

　例えば，相手の行為が，故意ではなく，事故だったのかもしれません。それを確かめずに強い口調で抗議すれば，当然ケンカになります。相手に理由を確かめれば，ケンカに発展することはなかったかもしれません。また，相手に原因があるのではなく，自分が言った（行った）何かが原因となって相手を感情的にしてしまったという場合も起こり得ます。そうなれば，悪いのが，相手ではなく自分だということになります。このように，ケンカが起こるのは，それ相応の理由があります。確認したり話し合ったりすることで，ケンカは回避することができると，子どもに学ばせることができます。

✦ ケンカを「悪者」にしない

　そもそも，ケンカとは，対等な意見のぶつかり合いであり，対等な感情のぶつかり合いです。優劣や強弱などの力関係があれば，ケンカは起こりません。子どもが対等な関係にあるからこそ起こることなのです。ケンカがなくては子どもの成長はあり得ないとさえ私は思います。ケンカを悪者にして，ケンカができない状況に子どもを置いていてはいけないと思います。

> 対等な関係で起こるのがケンカ。ケンカを人間関係を学ぶ大切な場と捉え，子どもの力を育てる指導を行おう！

誰とでも活動できる力を育てる

◆「自由な関係をつくる」班づくり・班活動を

　学習班や生活班を組織するとき，「好きな者同士」「子どもたちの話し合い」によって班を決めるやり方があります。しかし，子どもたちの関係がよほどしっかりできて，誰とでもグループをつくって目的に応じて活動することができるようにならない限り，子どもの意志による班づくりは，「縛られた不自由な関係」の下に行われます。それでは，誰とでも活動することのできる関係づくりを行うことはできません。特に新年度のクラス替えをしてしばらくの間は，誰とでも活動することの大切さや，「自由な関係」づくりの素晴らしさを指導するチャンスの時期です。

> 　誰とでもチームを組んで活動できることが大切だよ。そういう関係って素敵だよね。

◆「人」ではなく，「中身」で決める

　委員会やクラブ活動，クラスの係や当番を決めるとき，仲のよい特定の友達と，一緒になろうとする子がいます。「一緒にやろう」と誘われている相

手の子は，自分が本当にやりたい委員会や係があるようで，少し迷惑に感じている場合がよくあります。仲のよい友達がいることは素晴らしいことですが，友達関係にあまりにも強く縛られすぎて，自分の行動が制限される危険があることを，教師が教えなくてはなりません。

　委員会やクラブに限らず，国語や体育などの普段の学習でも，役割を決めたりグループをつくったりする場合は，「誰と一緒にやるか」ではなく，「自分が何をやりたいか」で決めることが大切なのだと，あらかじめ教師が指導して，決めさせることが大切です。

◆ 教師が意図的にペアリングする

　ペアリングやグループづくりを子どもに任せておくと，必ず仲のよい特定の子が集まってしまいます。

　教科の学習や特別活動では，多様な意見に触れさせ，自分の新たな可能性に気づかせることが必要です。その意味でも，子どもたちには，できる限り多くの友達と活動させることが必要です。そこで，日ごろから，学習の目的に応じて，教師が意図的にペアリングやグループづくりを進めるようにします。最初のうちは，不平や不満を持つ子もいるでしょうが，理由をしっかり伝えながら継続して行えば，そのうち慣れてしまい，「それで当たり前」になってしまいます。学習の目的に応じて，誰とでもチームになって学習することができるようになると，「近くの人とグループをつくってやろう」と指示するだけで，サッと適当にチームをつくることができるようになっていきます。

> 固定化した「不自由な関係」から解放し，誰とでも活動することのできる「自由な関係」を築くことのできる指導を工夫しよう！

いじめと戦う強さを

◆ いじめは起こるもの

　いじめは，加害者も被害者も不幸にする恐ろしいものです。いじめによる不登校や自殺などが，社会問題になって久しくなります。大きな問題が起こる度に，文部科学省を中心に，対策をとってきましたが，決定的な解決策はいまだに見い出せていません。最近では，些細な言い争いやトラブルにも，「いじめだ」と学校に駆け込んでくる保護者が増えました。本来なら，よくある友達間のトラブルで，子どもに学びの機会になるはずが，大人が割って入ることで，子どもの友達関係を修復したり，気持ちを立て直したりする力を弱くしています。「いじめを起こしてはならない」と，大人が転ばぬ先の杖で守ってしまうのではなく，「いじめは起こるもの」と考えて，いじめを許さない強い心，いじめに負けないくじけない力を育てる必要があります。

> 　いじめは，弱い心につけこんでくる。正しいことをやる強さ，間違いを注意し合う優しさが，いじめを防ぐただ１つの方法だよ！

◆ 長い物に巻かれない子に

　誰かが仲間外れにされていたり，からかわれたりしたとき，「やめなさい」

という子が1人でもいて,モノ申すことはできなくても,正しいことを応援する子たちが数人いれば,大きないじめに発展することはありません。正しいことを実行する力は,日ごろから,「恥ずかしい気もするけど,あいさつを元気に行う」「勇気を出して,友達とは異なる意見を言う」といった,些細な「やるべきこと」を,コツコツと積み上げることによって,高められていきます。やるべきことをやることもできない子どもが集まる集団で,「いじめと戦え」と言ったところで,絵に描いた餅に過ぎません。正しいことを実行し,困った友達を助ける子に育てるためには,ときに厳しく思われても,「やるべきことはしっかりやらせる」指導を継続しなくてはなりません。

◆ したたかさを身に付けさせる

特にここ数年は,「いじめられた」と訴えれば,親も教師も真剣に相談に乗ってくれ,手厚く保護するようになりました。子どもが「いじめ」と言えば,真摯に対応しなくてはなりませんが,単なる友達関係のトラブルに過ぎないものが少なからずあります。本来は,人間関係を
学び鍛えるべき機会が,逆に子どもを過度に守り弱くしています。そうしないためには,教師の指導が重要になります。嫌なことをされたときに,「やめて」と口にしたり他の友達と一緒に注意したりして,相手に付け入る隙を与えない方法を身に付けさせたりします。いじめに発展させない,したたかさを身に付けさせることが大切です。

> 正しいことを実行する強い心と,友達を思いやる優しい気持ちがいじめを防ぐ。やるべきことをやる強さから,強さと優しさは育つ。

1人でも好きなことができる雰囲気づくり

◆ 1人でいることはおかしなことではない

　特に最近の子は，人と異なることをしたり，自分だけ目立ったりすることを極端に嫌がる傾向があります。学習でさえ，「できると思われたくない」と，分かっているにも関わらず，発表しない子もいます。このような，「目立ちたくない」という雰囲気が，子どもの学ぶ意欲を妨げるだけでなく，本音で友達と関わることも妨げています。いつも，友達と一緒でなくては不安，1人でいることは恥ずかしい……。子どもが，このような気持ちになってしまうような集団では，子どもの自主性が育つことはなく，強い心を育むこともできません。安心して1人でいることのできる雰囲気を，教師が支援することで，子どもの自立をサポートしましょう。

> 　いつもみんなと一緒じゃなくて大丈夫！　1人でいるからといって，誰も変には思わないよ。

◆ 家庭のような集団に

　誰かと一緒に遊んだり会話したりしたいと思えば，いつでも仲間に入って

遊ぶことができ，1人になって何かをやりたいと思えば，1人でいても何も気にならない……。よく考えれば，家庭というのは，そのような場所です。安心して自分を出すことができる場であるからこそ，1人でいても大丈夫だと思えます。自分だけ異なる意見を述べても，攻められたり冷ややかな目で見られたりすることはありません。家庭とまではいかなくても，クラスが，互いを認め合い尊重し合う環境であれば，子どもはその中で思い切り自分を出して活動することができます。当然，ときには，友達とぶつかることも，トラブルになることもあります。それが，子どもの大切な学びの場となり，心を鍛える場になります。安心できるクラスだからこそ，トラブルを学びの場にすることができるのです。教師にできることは，クラスを，居心地のいい，子どもが自分らしさを出すことができる場にすることです。

◆ 弱みを見せられる関係に

　表面上は大きなトラブルはないけれど，子どもが本音で友達と接してはいない，何となく大人びた対応に終始している雰囲気のクラスがあります。これは，子どもが互いにけん制し合い，自分の弱みを見せないでおこうという気持ちで過ごしている証拠です。「自分はここが苦手」「私は，これが不得手」と，友達に弱みを見せることができるのは，じつは「強い」証拠でもあります。自分の弱さを見せることができるほど強くなるためには，「私も同じだよ」「恥ずかしくないよ」という仲間に囲まれていることが条件になります。子どもの強さを引き出すために，集団づくりは必要不可欠です。

1人でいられる強さ，自分の弱みを見せることのできる強さは，安心していられる集団の中でこそ鍛えられる。

正しいことを主張する訓練を

◆ 利己主義が，主張を妨げる

　最近，友達の間違った行いを注意したり，止めたりする子を見かけることが少なくなりました。最近，社会問題になっているいじめなどは，「利己主義」の典型的な例です。いじめは悪いことだと誰もが知っています。しかし，誰かがいじめられていても，知らん顔という子がたくさんいます。自分がいじめの標的になっては困るという気持ちは理解できます。しかし，「自分さえ安全なら，人が苦しんでいてもよし」とする考え方が，集団を覆っているから，いじめが起こるのです。

　個々の子が正しいことを主張することができ，互いに間違ったことを注意し合うことのできる関係をつくることが，教師の役割です。

> 　正しいと分かっていて，注意できる子は素晴らしい。注意されて反省できる子は，もっと素晴らしいよ！

◆ 「ありがとう」を常習化する

　最近の子の気になることの１つに，「やってもらって当たり前」という感

覚が強い子が多いことがあります。歩いていて，落としたものを拾って手渡しても，当たり前のような顔をして行こうとします。困っているのを助けても，「もっと早く助けろ」と言わんばかりの態度で行ってしまう子もいます。教師に対してさえ「ありがとう」と言えません。互いに感謝の気持ちを持つことができなければ，自分の間違いを注意されても受け入れることはできません。「間違いを注意してくれる友達は，本当の友達だよ」と言えば，どの子も納得します。頭では，「注意してくれることは貴重だ」と思っています。しかし，受け入れる心が育っていないために，「うるさいんだよ」となってしまうのです。

　正しいことを主張する力を子どもに付けるためには，間違いをして悪かったと，反省し受け入れる心も同時に育てなくてはなりません。受け入れる心を持った集団の中でこそ，正しいことを主張する力が育っていくことを意識して，子どもを指導しましょう。

✦ 教師が正論を支援する

　正しいことを正しいと言えないのは，「反撃されたら怖い」「そこまでして自分がやる必要はない」という雰囲気に負けてしまうからです。そういう雰囲気をつくり上げてきたのは教師の責任です。例えば，授業中におしゃべりをしていた子に，「やめてよ」と苦情を言った子がいたとします。そこで，苦情を言った子をサポートすることが大切です。「注意してくれたんだね」「その通りだよ」「ありがたいよね」などと，注意し合うことの大切さを強調します。正しいことを主張する力と受け入れる雰囲気は，このようにして教師がつくっていかなくてはなりません。

> 正しいことを主張する力は，「間違いをダメ」と注意し合える関係づくりによって育てることが大切。

1人ぼっちの子に声をかける優しさ

◆ 1人ぼっちを放っておかない

　休み時間になると，友達と会話したり遊んだりしないで，1人になって過ごす子がいます。いじめられているのかと心配しますが，本人はあまり気にしていない様子です。周囲も，それが当たり前といった様子で，全く気にかける様子はありません。このような子は，友達といるよりも，教師と話をしたり1人で過ごしたりする方が好きなのかもしれません。

　しかし，本人が1人が好きだからといって，周囲の子が，気にかけることもなく，声もかけないというのでは問題です。本人にとって，友達との交流によって身に付けていくべき力を育てる機会が失われます。周囲の子にとっても，仲間づくりの力や気遣いの心が育ちません。

> 　1人でいたいと思っていても，一言声をかけたり，気にかけたりする優しい気持ちが大切だよね。

◆ 声をかけるように導く

　基本的に，子どもは自分中心で物事を考えています。ですから，故意にで

はなく，1人でいる子がいることを全く意識していないこともよくあります。特に，休み時間のように，夢中になって遊んだり会話したりする時間には，他の子のことをかまってはいられません。そこで，1人ぼっちの子がいないか気にかけ，1人ぼっちの子が出ないように，教師が注意し指導することが必要です。例えば，グループをつくったときに，なかなか友達の輪に入れない子がいたら，
「誰も，1人ぼっちになっていませんよね。よく確かめたかな」
などと，その子にではなく，周囲の子に考えさせるように導きます。
　そして，1人ぼっちの子に声をかけた子がいたり，グループがあったりしたら，皆の前で大いにほめて，「1人ぼっちの子をつくってはいけない」「友達みんなを気にかけることが大切」ということを学ばせる必要があります。
　教師の繰り返しの指導によって，「1人ぼっちの子をつくらない」「友達を気にかける」という意識が高まっていきます。友達を大切にするその力は，結果として自分自身に還ってきます。友達づくりの力・人と関わる力を高めることは，子どもにとって，必要な力になることは間違いありません。

◆ 教師の輪の中に入れる

　友達の輪の中に入りづらい子の周りには，当然のことですが，他の子はなかなか集まってはきません。教師が無理に遊ぶよう強制することもありますが，逆効果になる場合が多々あります。
　そうした場合，教師が1人でいる子の傍に行き，一緒に折り紙をしたり本を読んだりして，楽しく遊んで，他の子を引きつけると効果的です。

> いじめや仲間外しではなくても，1人でいる子に無頓着では，気遣いの心や円滑な人間関係を築く力は育たない。必ず指導しよう。

悪口・陰口に耳を貸さない強さを

◆ 陰口ができない雰囲気をつくる

　学校生活を送っていると，必ず，気に入らない友達の悪口を言う子を目にします。特に女子の中には，グループをつくって他の子の陰口を言う子も少なからずいます。悪口や陰口にとどまらず，ノートや校舎の死角になる場所や，校庭や運動場などに，友達の悪口などを落書きする子もいます。友達のことだけではなく，時折，教師の陰口を言ったり落書きしたりする子もいます。このような子は，自分に自信がないため，悪口や陰口を核にして友達を引きつけるしか方法を知らない子です。このような子の心根を指導するためには，「悪口は恥ずかしい」「陰口は卑怯」という雰囲気をつくり上げ，悪口や陰口に耳を貸さない集団づくりをする必要があります。

> 　陰口を楽しむことは，本当の楽しいってことじゃないよね。正々堂々と誰が見ても聞いても恥ずかしくない行動が大切だよね。

◆ 認め励まし自信を持たせる

　たとえ，明るく聡明で性格もよく，「完璧」と思われている子でも，少し

くらいは友達の悪口を陰で言うこともあります。人間とはそういうものであると考えるべきです。どんなに「いい子」と思っていても，悪いこともすれば過ちも犯すと思って接しなくては，間違った指導をしてしまいます。子どもが，陰口や落書きをするときは，クラスでの存在感や有用感がぐらつき，自信を失っている場合がほとんどです。自信のなさから，友達批判，教師批判をしてしまうのです。ですから，陰口や落書きが起きたときは，クラスの子どもたち（特に悪口や落書きをした子）に自信を持たせられるような指導の工夫を考える必要があります。子どもたちをよく観察し，話しかける機会を増やして，どの子のよさもしっかり認め，当番や係活動でその子の有用感を高める指導に心がけましょう。子どもが生き生きと活動する姿が見られれば，陰口や落書きは自然になくなっていきます。陰口や落書きは，子どもが自信を失っている証拠であり，心が弱くなる前兆と心得ましょう。

◆ 気にしない心を応援する

　陰口も落書きも，直接本人に伝えることのできない弱い気持ちで行われる行為です。ですから，もし，悪口を言われたり落書きの対象にされたりしても，気にする必要がないことだと安心させることが大切です。日頃から，クラス全員に，「全く気にする必要はない」と共有させます。そして，悪口や落書きをする人は，結局他の人から信頼を失い，敬遠されるようになると伝えれば，自然にこのような行為はなくなっていくものです。例え，誰かが人の悪口を言っていても，絶対に話に乗らない，その場から離れるなどの対処法を教えることも大切です。

> 陰口や落書きは，卑怯な行為であることを全員で確認し，陰口や落書きが恥ずかしいことだという気持ちを子どもに染み込ませていこう！

COLUMN

教育とは何か，教師とは何か

　私は現在管理職をしていますが，管理職になったばかりの頃に経験したある出来事が忘れられません。
　運動会の練習での出来事です。この時期は，毎日昼休みを利用して，高学年の子が中心となって応援合戦の練習をしていました。昼休みが終わり，子どもたちが応援合戦の練習をしていた教室に行ってみると，太鼓やハチマキ，ホイッスルなどが床の上に散らかったままになっていました。あまりにもひどい状態だったので，すぐに放送で，練習の中心になっていた子どもたちを呼び集めました。
　「応援団は，みんなをまとめる存在なのだから，小さい子のお手本にならなくてはダメじゃないか」
　と，穏やかな口調で子どもたちに指導しました。私は，すみませんと素直に反省すると思っていたのですが，子どもたちから返ってきた言葉は，「私たちだけじゃない」「別の色の応援団も片付けてはいない」といった，言い訳がましいものでした。その言葉にカチンときた私は，少し厳しめに子どもたちに教室の整理整頓をするよう命じて，その場を後にしました。ここまでは，よくあることなのですが，問題はその後です。午後の授業が始まってしばらく経った頃，
　「先生，子どもたちが泣いています。きていただけませんか？」
　若い教師が，困った顔で私のところにやってきたのです。私の指導に納得がいかないと，担任の若い教師に泣いて訴えてきたというのです。それを，「君たちが悪い」と注意するのではなく，「子どもたちに謝罪して下さい」とばかりに，私に相談にきた若い教師には，愕然としました。
　教育とは何か，教師とは何か，教師になったからには，是非考えてほしいと思います。

Chapter6

避けては通れない！
保護者とよりよく付き合うためのレジリエンス

「保護者はパートナー」という認識で

◆ 保護者を過剰に恐れない

　特に近年，保護者への対応に苦慮する教師が増えていますが，学校や教師が，あまりにも保護者を意識しすぎているように思えて仕方ありません。とにかく，苦情が出ないように，問題にならないようにと，些細なことにも神経をすり減らしているように思えます。まるで，保護者のことを，恐ろしい怪物にでも触れるかのように，妙に気を遣いながら接している教師の何と多いことか……。恐いと思っていると，相手のことを，恐ろしい強大な敵だと思い込んでしまいます。

> 　保護者も教師と同じく子どものことを思う人たち。協力者として接するように心がけましょう。

◆ 誠意を持って接する

　保護者が教師に苦情や要求を言ってくるには，それなりの理由があります。保護者をカチンとさせる何かが，教師の側にもあったはずです。それを，「適当に頭を下げて収めておけばいい」と，はじめから拒絶してしまったの

では，保護者と歩み寄ることができないばかりでなく，その姿勢に対して「誠意がない」と怒りをあらわにする親や，「私の言い分は正しかったのだ」と，勝手な解釈をして増長する親が出てきても不思議ではありません。親の苦情や要求にしっかり向き合って，自分の悪かったところは素直に認めて謙虚に反省し，誤解のあったところは堂々と言い分を述べ，ときに相手が反省するように導く。それが，相手を敬う態度であり，誠実な姿勢ではないでしょうか。

◆ パートナー意識で接する

　教師にとって，保護者への対応は，最も大切な仕事の1つである反面，最も気を遣い苦手意識を持つ人の多い仕事でもあります。少し前から，些細なことで苦情を申し立ててくる保護者や，無理な要求を突きつけてくる保護者が社会問題にもなり，「モンスターペアレンツ」という言葉が流行しました。若い教師の中には，保護者との関係に苦しんで精神を病み，休職や退職を余儀なくされる人が増えています。確かに，世間一般の常識とはかけ離れた言い分を，臆面もなく教師にぶつけてくる保護者がいることは事実です。しかし，保護者の言動に過敏になり過ぎて，自分で自分の首を絞めてしまってはいないでしょうか。困ったとき，いざというときに，担任に最も力を与えてくれるのは保護者です。子どものために，惜しまず協力してくれるのも保護者です。保護者は，担任の最高のパートナーなのです。

> 保護者と教師は，同じように子どもの成長を願っている。過剰に恐れる必要はなく，パートナーという意識で接するようにしよう。

平身低頭が悩みの種をつくる

◆ 教師が「モンスター」をつくる

　私たち教師が保護者と正面から向き合うことから逃げていることが、「モンスター」を生んでいる原因かもしれません。保護者から電話がかかってくると、「何かあったのかな？　苦情を言われるのでは……」と、構えてしまうのが癖になっていないでしょうか。「できるだけ無難に、保護者の気分を悪くさせないことが一番」と、必要以上に気を回して、まるで恐いものでも触れるように接してはいないでしょうか。もし人に、腫れ物に触るような態度をとられたら、どうでしょう。その相手のことを好きになることもなく、信頼することなどできるはずがありません。「何を考えているか分からない人だ。口先だけの人だ」と、逆に相手のことを警戒するはずです。相手が保護者だからといって、必要以上に気を遣うことは、相手との関係をいびつなものにするだけです。

> 　教師と保護者は、「店と客」の関係ではない。必要以上にへり下るのは、子どものために、かえってよくない。

◆「できない」と伝える勇気を

　相手が返答に困ると分かって，わざと苦情を言ってくる人がいますが，無茶な苦情を申し立てる人は，自分が無茶を承知で言っていると分かっています。相手が何の反撃もしないと分かると，要求をエスカレートさせるのが，クレーマーです。教師は，誠実で真面目な人が多いため，無理な要求を突きつけられたり，無茶な理由で苦情をまくし立てられたりしたとき，「相手が保護者だから」「今後の付き合いもあるから」などと，誰が考えても納得のいかない要求を受け入れたり，謝罪したりして，その場を収めたいと思ってしまう場合があります。保護者の中に，自分勝手で無茶苦茶な要望をしてくる人が増えているのは，学校・教師が，筋の通らない要望や苦情に対して，「その場が丸く収まるのなら」と，理屈の通らない対応をしてきたことが原因の１つにあります。

◆ NO と言う誠意

　たとえ相手がどのような人であっても，同じ人間とし，善悪の別や，正義・正当性などの理屈を理解することができるはずです。もし，無理難題を突きつける保護者がいても，「無理なものは無理」「理屈の通らないことはできない」と，筋を通す姿勢が大切です。それが，相手に対して誠実な姿勢であり，結局，自分を守り・学校を守り・教育を守ることになるということです。誠実に，後ろ指をさされることのない行いをしていれば，たとえそのときは，保護者から悪し様に言われ批判されても，じきに「ウソのない誠実な人だ」「信頼に足る人だ」と，分かってもらえるのが人間というものです。

> 「相手が保護者だから」「波風を立てたくない」と，道理の通らないへり下った対応が，新たな悩みの種を蒔くことになる。

保護者も「人」であることを忘れない

◆ 親の立場を理解する

　自分とは育った環境も価値観も異なる者が，教師として担任として，かなりの時間，我が子の指導に当たるのです。親からすると，「どうして，あんな指導をするの？」「なぜ，ここで厳しく叱るの？」と，理解に苦しむことが出てくるのは当然です。大切な我が子のことになれば，冷静さを失って，感情をむき出しにして，相手に向かっていくのが親というものです。それが，ときに「苦情」と受け止められ，教師から警戒され，敬遠される保護者として見られてしまうのです。しかし，理由がよく理解できないままで，自分の子に，納得のいかない指導をされたと感じれば，どの親でも，相手の教師に不信感を覚えるのが当たり前です。苦情を申し立てる保護者や，学校・教師にいい感情を持っていない保護者には，そうせざるを得ない事情があるはずです。もし，保護者対応に悩むことがあったら，一度，保護者の立場に立って，物事を考えてみることが必要です。

> 　自分と価値観の異なる他人が，教師として我が子を指導することに対して不安を覚えるのは，親として当然のこと。

◆「宝物」を預かる

　クラスの1人1人の子どもが，親にとって，自分の命よりも大切な宝物なのです。転んでケガをしたら，「大丈夫！がんばれ！」と，心で泣きながら励ましたことでしょう。我が子が，体調を崩して，布団でうなされていたら，「できることなら，代わってあげたい」と，枕元で一晩中看病したことでしょう。そのようにして，親が大切に慈しみながら育ててきた子どもの前に，私たち教師は立っているのです。大切に育ててきた「宝物」が，さらに輝きを放つようにと願う，親の期待を背負っているのです。私たちは，命よりも大切な「宝物」を，親から託されていることを忘れず，その重みを感じながら，子どもの指導に当たらなくてはなりません。「宝物を預かり磨いている」と思うことで，親の気持ちも理解することができ，苦情も前向きに受け入れることができます。

◆集団教育に理解を求める

　保護者は，子どもの成長を一番に願っている存在です。ところが，自分の子が成長するためには，学級集団が成長しなくてはならないことに気づいていない親が多いのです。集団を育てながら個を育てるのが，私たち教師です。友達や集団の中で，子どもを育てる重要性を理解してもらうように努めることが，学校教育には不可欠です。保護者の，親としての気持ちを理解しながら，子どもを育てるために，保護者と教師の協力は必要不可欠です。

子どもを大切に思う気持ちは，親なら当然のこと。親の気持ちを理解すれば，苦情を受け入れる気持ちに余裕ができる。

「教師理解」が心の余裕を生む

◆ トラブル回避が心の余裕に

　保護者とのトラブルの原因は，そのほとんどが，教師の思いが保護者に理解されていないというものです。「なぜ，そこで厳しく指導したか」「どういう理由でこのような指導になったか」といった，保護者の不信感から，トラブルに発展してしまいます。一度，不信感を持たれてしまうと，何をやってもうまくいかなくなります。子どもや保護者に，自分を理解してもらうことなくして，信頼関係を築くことはできません。教師の人柄が分かって初めて，保護者は担任に親しみを持ち理解しようと思うのです。「子ども理解」「保護者理解」の大切さが言われますが，教師を理解してもらうことを忘れていけません。自信を持って子どもを指導するため，余裕を持って保護者に向き合うために，自分という教師を理解してもらうことに努めましょう。

> 　何を大切にして子どもに指導しているか，どんな価値観を持っているのかを理解してもらうことで，余裕を持って指導ができる。

◆ 保護者との関わりに自信を持つ

　特に，年度はじめの保護者は，担任がどのような人なのか不安を感じてい

ます。相手がどのような考えを持っていて，どのような人となりなのかが分かって初めて，安心して付き合うことができます。教師からしても，保護者に理解してもらっているという余裕ができれば，的確な説明もでき，少々のトラブルであれば関係を深める機会にすることさえ，できるようになります。そういう意味でも，自分という教師をできる限り早く理解してもらうことに努めるべきです。取り立てて難しい話をする必要はありません。例えば趣味や生育歴，失敗談など，できる限り自分の人間味を伝えることができるエピソードを紹介しながら，自分らしさを感じてもらえるように心がけましょう。明るく生き生きとしている姿を感じてもらうことで，相手の態度も随分柔らかくなり，そのことが，教師としての自信にもつながります。

✦ 安心感を得る

　自分という教師を理解してくれている保護者がいるというのは，クラスに何かトラブルが生じたときに，「何とかなる」という安心感が保証されていることです。安心感は，思い切って児童を指導する意欲につながり，教師力の向上にもつながります。それが，さらなる自信と意欲に

つながり，少々のトラブルや保護者対応に対しても，動じない心が育つという好循環につながります。教師の多くは，大人との人間関係が苦手と言われますが，積極的に保護者と関わり理解してもらうように努めましょう。

> 保護者を理解するよりも，自身が保護者に理解してもらう努力をすることで，教師力向上への意欲と自信につなげよう！

家庭訪問は厚かましく頻繁に

◆ 用件に応じたポイントを押さえる

　家庭訪問は，年度はじめに行う他に，病気やケガ・トラブルがあった際にも行います。家庭訪問は，その用件に応じて，気をつけなければならないポイントがあります。年度はじめの家庭訪問は，子どもの自宅場所の確認と，保護者とのあいさつ，家庭での過ごし方や，家庭の雰囲気を知るために計画的に行います。計画的に行う家庭訪問のポイントは，時間厳守に努め，「お茶お菓子は頂かない」などの学校での取りきめに従って行うことが大切です。ケガやトラブルへの対応として行う家庭訪問では，事実確認や謝意などをうまく伝えて，保護者への信頼を得ることを第一に考えることがポイントになります。

　計画的な家庭訪問，緊急に行う家庭訪問いずれも，保護者と直接触れ合うことのできるまたとない機会です。保護者と直接顔を合わせる機会が多いほど，何かトラブルが生じたときの心の余裕に差が生じます。

> トラブル対応の家庭訪問は，憂鬱だと敬遠するのではなく，保護者と直接顔を合わせることができるチャンスと考えるようにしよう！

◆ 愛情が自信につながる

　子どもが欠席したら，可能な限り家庭訪問をするように努めましょう。最低でも，２日間連続して欠席したら，必ず家庭訪問をします。自分が欠席した日に，担任の先生がきてくれることで，「気にかけてもらえた」と，うれしく思い自尊感情も高まります。もちろん，親子共々担任に対する信頼度がアップします。欠席した子への家庭訪問は，不登校の予防につながることがあります。半ば「さぼり」気分で欠席する子は，そのままにしておくと，次の日も欠席する可能性が大です。家庭訪問によって，「自分もクラスの一員として大切に思われている」と，子どもに自信を持たせ，登校を促すことができます。担任の子どもに対する愛情を保護者に感じてもらうことで，保護者との関係が深まり，そのことが，教師としての自信につながっていきます。

◆ 機会を見つけて家庭訪問

　家庭訪問は，自ら積極的に行うことが重要です。例えば，保護者から苦情対応は，電話よりも，直接顔を合わせて話をするようにします。事前に了承を取っての訪問になりますが，特別な理由がない場合は，家庭訪問を断る保護者はいません。直接顔を見ながら話すことで，トラブルが収まる場合がほとんどです。苦情を言っていた保護者が，「家まできてもらって」と，恐縮してくれることもしばしばです。さらに，何かトラブルが起きたときに家庭訪問するのではなく，特別いい行いをしたときに，直接保護者に報告することもできます。保護者に対する苦手意識をつくらないようにしましょう。

保護者と直接顔を会わせる機会を積極的につくることで，保護者に対する苦手意識の克服と，保護者対応の基本を身に付けるようにしよう！

参観・懇談を
アピールの場にする

◆ アピールで自信を

　参観の授業には，参観者（保護者）を満足させる演出が必要です。1時間の授業の中に，「個々の子どもが活躍する場面」「全員で課題に取り組む場面」「意見を交流する場面」などを組み合わせて進めることで，保護者が観ていて飽きない授業にしましょう。また，参観後の保護者会は，参加人数がぐんと減ってしまう傾向があります。学校に足を運んでくれた保護者に，出席したいと思わせ，出席してよかったと思われるような演出が，保護者会にも必要です。授業参観も保護者会も，教師としての自分をアピールする場と捉え，保護者の前に立つ心構えを鍛えていきましょう。

> 　参観や保護者会を，保護者の前で注目されることに慣れる場にしよう！

◆ 人前に立つ訓練に

　保護者会に参加する人は，子どもの学校生活の様子や，担任の指導に対する関心が高い人と言うことができます。担任の学級経営や指導を観察するた

めに保護者会に参加すると言っても過言ではありません。そう考えれば，保護者会は，人前に立ち自分をアピールする絶好の訓練の場ということができます。緊張して，目を伏せがちになる気持ちをこらえて，堂々と顔を上げて話をするように心がけましょう。保護者の質問に答えるときも，自分の考えを述べるときも，自信を持って発言することが大切です。分からないときは，「後で調べておきます」と，自信ありげに答えるようにします。自信のない教師は，保護者にとって，頼りなく映り不安を覚えさせます。自分の言葉と日ごろの実践に自信を持ち，堂々と保護者の前に立つことが大切です。特に若いうちは不安かもしれませんが，溌溂とした態度で，保護者の前に立つ訓練を積み重ねましょう。

◆ 授業参観で精神的優位に

　参観の授業は，保護者という観客を招いて，教師が監督して児童が演じる「ショー」と言うことができます。最もスポットを浴びるのは子どもですが，子どもが活躍するための脚本や演出をする，最も重要な役割を担うのが教師です。教師の言葉や采配によって，授業というショーは，観る者を感動させることも，楽しませることもできます。子どもの意見交流が活発に行われる授業，保護者も真剣に考え引き込まれてしまう授業，子どもが，真剣に自分の意見を闘わせ，子どもの意見に思わず感心してしまうような授業，……そんな授業参観にすることができれば，保護者に対して何があっても臆することのない自信が身に付くはずです。

授業参観・保護者会で，「できる教師」をアピールして，子どもを教える者として，精神的優位に立つ場にしよう！

愛情を前面に出して苦言を呈する

◆ 苦言を伝えられる関係を

　保護者との連携なくして，子どもの成長はなりません。特に低学年では，基本的生活習慣や学習習慣の定着のために，保護者の協力は欠かせません。今の時代，ときには，子育てについて保護者の相談に乗り，保護者に苦言を呈さなくてはならない場合もあります。しかし，たとえベテランであっても，保護者を指導し苦言を呈することには抵抗があります。若い教師ならなおさらのことです。しかし，信頼関係が築かれていれば，ある程度の指導や苦言を伝えることは可能です。保護者に苦言を呈することができるようになるためには，「子どもに対する愛情を保護者に伝える」ことです。子どもに対する愛情が，教師の姿勢から伝われば，少々の苦言は，「我が子のため」と受け入れてくれる保護者がほとんどです。「子どものために，保護者に苦言を呈することのできる教師」を目指したいものです。

　子どものためなら，保護者に対してでも，苦言を呈するこができるのが本物の教師。日頃から子どもに対する愛情を，保護者に伝えよう！

◆ 教師が垣根を取り払う

　苦言を呈することができるくらい，がっちりとした人間関係を築くためには，保護者にとって学校と教師が，近しい存在でなくてはなりません。ところが，保護者にとって，特に職員室の敷居は高いと言われます。教師からすれば，「そんなことないのに」と，言いたいところです。しかし，保護者がPTAの仕事などで職員室に入ってきても，顔をチラリと上げるだけで，対応するのは管理職だけという学校は少なくありません。これでは，苦言を呈することのできる関係づくりなど，できるはずはありません。

　保護者に限らず，誰がきても，笑顔であいさつをし，用件を尋ねるのが社会人として当然のことです。忙しいのは分かりますが，そのくらいの常識はわきまえておかなくてはなりません。「関係づくりはあいさつから」です。誰と出会っても，笑顔でこちらから声かけをして，用件を尋ねたり案内をしたりして，来校者に心地よい環境づくりから，スタートしましょう。

◆ 相違は当然と考える

　「子どものよりよい成長」という目的，原点にもどって考えれば，双方の立場を理解することができるはずです。教師の立場を親に理解してもらうためには，学級経営や授業に力を注ぎ，その様子を発信することに尽きます。保護者と教師とは，立場が異なるため，ときには対立することもありますが，子どものために力を尽くせば，互いに理解し合うことができるようになると信じることで，随分気持ちに余裕ができます。

子どものために，力を尽くすという姿勢を見せることが，保護者との信頼関係を強くする。

苦情はチャンスと捉える

◆ 苦情は成長のための「助言」

　教師が最も恐れていることの１つが，保護者からの苦情です。中には，どう考えても無理難題を要求してきたり，言いがかりとしか思えないような苦情を申し立てたりする保護者もいます。しかし，保護者の苦情のほとんどは，自分の子どもに対する教師の指導に納得がいかない，教師の誠実さを感じられないということに端を発するものであり，客観的に考えれば，「一理ある」とうなずくことができます。

　そう考えれば，保護者からの苦情は，自分では気づくことができなかった，自身の不足を発見し指摘してくれる，ありがたいものだと考えることができます。教師として人として自分を成長させてくれる「助言」と捉えることができれば，保護者の苦情を，忌み嫌い恐れることなく素直に受け入れる心ができてきます。

> 保護者の苦情は，教師の力量や人間として大切な心構えを向上させてくれる「助言」である！

◆ 謙虚な姿勢をつくる

　教室という閉ざされた環境の中で子どもを指導していると，自分本位の考え方ややり方が最高だと思い込んでしまいがちです。そのことが，おかしなプライドを教師に植え付けてしまいます。人の実践に対して，「そんなの大したことじゃない」「自分の方が優れている」「教えを請う自分が劣っているように思われるのではないか」などと，素直に認めることができなくなってはいないでしょうか。それでは力量を伸ばすことはできません。「素晴らしい」「いいねえ」とピンとくるものがあれば，自分から進んで教えを請い，受け入れる素直さを保ち続けることが大切です。

　保護者からの苦言や苦情は，そんなおごりを戒めてくれる貴重なものと捉えることもできます。苦情がきたときは落ち込み自信も失いますが，謙虚に反省する気持ちを呼び覚ましてくれると考えれば，ありがたいものだと考えることができます。

◆ 関係の深化

　保護者とは良好な関係を保ち続けることが理想です。しかし，互いに理解を深め，心から協力し合うことのできる関係になるためには，少々のトラブルがあった方がいい場合がほとんどです。保護者の苦情や苦言が，互いの考えを理解するきっかけになる場合が多々あります。ときには感情的になることもありますが，そのことが，人間としての関わりを深めるきっかけにもなります。そう考えると，苦情も重要なものだと思えます。

苦情は，捉え方によって，自分にとってプラスにもなりマイナスにもなる。苦情をプラスに捉える訓練をしよう！

来校者は笑顔で迎える

✦「柔よく剛を制す」の精神で

　相手が敵意むき出しでやってきたら，身構えて臨戦態勢に入ってしまいそうになります。しかし，苦情を申し立てようと意気込んでいる相手に，挑むような姿勢で相対すれば，収まるものも収まらなくなってしまいます。反対に「やってやろう」と熱くなっていても，笑顔で迎え入れられると，気持ちが和らぎ，敵対しようという気持ちも薄らいでいきます。

　保護者対応の基本は，相手がどのような心の状態でやってきても，帰るときには，気持ちよく学校を出てもらうことです。子どものためになる話し合いができるように，冷静な状態で話し合いができるよう，柔らかく笑顔で迎え入れることが大切です。特に，苦情を申し立てにくる保護者に対しては，努めて笑顔と穏やかな姿勢で迎え入れることで，後の対応がスムーズになり，気持ちに余裕が出てきます。

> 　苦情を申し立てる保護者こそ，笑顔で穏やかに迎え入れよう。それが，相手の気持ちを和らげ，自分の心の余裕をつくる。

◆ 保護者の気持ちを思いやる

　ほとんどの保護者が，できることなら，我が子の担任とはいい人間関係を築きたいと思っています。まず，そのことを教師が意識しておくことです。我が子の担任に悪い印象を持たれることをよしとする親など，どの世界にもいません。保護者と担任とがいい関係を保つことが，我が子と担任とのいい関係を築くことになると，どの保護者も分かっています。そうであるにも関わらず，苦情や要望を言ってくるのですから，相当な覚悟の上であると，考えましょう。そう思うことによって，保護者の願いや思いを理解することができるようになります。すると，自然に，「よくきてくれました。子どものために話し合いましょう」という気持ちになり，穏やかな表情で保護者を迎え入れることができるようになります。相手の気持ちを思いやる心の余裕が，前向きな姿勢をつくってくれます。

◆ 共感の努力をする

　話を聞くときには，相手の話に時折うなずくなど，一緒に考える気持ちを表現することで，「あなたの話に共感していますよ」というメッセージを伝えるように心がけましょう。共感しながら聞いてくれる相手は，自分にとって味方になる人だと感じます。苦情を申し立てにきた保護者も，「先生は，私の話を理解してくれている」と感じれば，こちらの考え方や問題解決に向けての提案も，すんなりと受け入れてくれるようになります。保護者の苦情を拒絶するのではなく，共感して聞く姿勢をつくりましょう。

苦情を申し立てる保護者には，努めて穏やかに接することで，相手の上に立って話し合いを進める心の余裕が生まれる。

組織対応が心の支えになる

✦「1人ではない」という安心感を持つ

　保護者の苦情や要望に対する対応は，特に経験が少ない若い教師にとって，精神的負担が非常に大きいものです。精神的な負担だけでなく，1人で対応すると，思わぬ行き違いや勘違いが起きたとき，事実確認や対応についての認識が異なる危険性があり，さらに大きなトラブルに発展する恐れがあります。

　したがって，保護者からの苦情対応は，必ず組織で行うことが必要です。苦情に関する保護者対応は，一教師の問題ではなく，学校全体で解決するべき問題であると考え，決して1人で抱え込もうとは思わないことです。心配事があれば，すぐに学年主任や生徒指導部，管理職に相談しましょう。組織・仲間の存在が，気持ちの余裕につながります。

> 　保護者からの苦情やトラブルは，絶対に1人で抱え込まない。他の教師に相談することで，精神的余裕が生まれ，的確な対応もできる。

✦ 安心感と余裕で的確な対応を

　特に若い教師の場合は，保護者の方が人生経験が豊かで，交渉術も長けて

います。保護者の苦情や要求に1人で対応してしまうと，精神的に追い詰められて，事実と異なることにうなずいたり，相手に都合よく話を進められたりする恐れがあります。ありもしないことを事実にされてしまったり，できもしない約束をさせられたりしては大変です。複数での組織対応を行うことの余裕と安心感が，的確な対応を保障します。話し合いの場には，学年主任や生徒指導主任，場合によっては管理職に入ってもらうようにしましょう。

◆「潤滑油」をつくる

話し合いに，複数の教師が入ることで，記録を取ったり，事実確認を行ったりする役割を分担することができ，保護者との話し合いに集中する余裕が生まれます。そして，複数で対応することが，正確な共通認識を行うことにつながり，後の「言った言わない」の水かけ論を防ぐことにもなります。

何より，組織で対応するよさは，担任と保護者との話し合いが緊迫した雰囲気になったとき，誰か1人いることで，「ガス抜き」ができることです。例えば，その人の方を見て視線をそらせたり，話題を変えたり，ときには相づちを求めたりすることで，深刻な話題から話をそらすことができたり，場の雰囲気を和らげたりすることができます。重要な第三者的な立場から，経験に裏付けされた意見や，対応についての助言などを，もらうこともできます。チームで対応することは，担任だけでなく，保護者にとっても必要です。

> 組織がバックにあることを信じて，チームで対応することで，精神的な負担が軽減され，余裕を持って保護者に対応することが可能になる！

COLUMN

その保護者，本当にモンペですか？

　以前，些細なことで苦情を申し立ててくる保護者や，無理な要求を突きつけてくる保護者が社会問題にもなり，「モンスターペアレンツ」という言葉が流行しました。常識とはかけ離れた言い分を，学校にぶつけてくる保護者がいることは事実ですが，じつはそのような親は，ごくわずかです。ほとんどの保護者が，話せば分かり合える常識的な人たちです。そうであるにも関わらず，私たち教師は，保護者に異常なまでに気を遣い，できるだけ無難に，相手の気分を悪くさせない対応をしてしまいます。まるで恐いものに触れるように……。自分を警戒している相手を，心から信頼することはできません。

　保護者が教師に苦情や要求を言ってくるときは，それなりの理由があります。自分勝手で，こちらの気持ちや場の状況に対する配慮がない場合でも，保護者をカチンとさせる何かが，教師の側にもあったはずです。それを，「適当に頭を下げて収めておけばいい」と，はじめからから拒絶してしまったのでは，保護者と歩み寄ることができないばかりでなく，その姿勢に対して「誠意がない」と怒りをあらわにする親や，「私の言い分は正しかったのだ」と，勝手な解釈をして増長する親が出てきても不思議ではありません。親の苦情や要求にしっかり向き合って，自分の悪かったところは素直に認めて謙虚に反省し，誤解のあったところは堂々と言い分を述べ，ときに相手が反省するように導く。それが，相手を敬う態度であり，誠実な姿勢ではないでしょうか。

　保護者を恐れ敬遠するのではなく，教師の方から保護者に寄り添うこと，保護者を理解する努力をすることが必要です。

Chapter7

チーム学校に変える！
同僚とよりよく働くための
レジリエンス

同僚の助言を素直に受け入れる

◆ 不遜な態度が不安を招く

　教室という閉鎖された空間で，長時間子どもを相手にしていることが原因でしょうか，「自分は仕事ができる」と，謙虚さを欠く教師が少なからずいます。態度にはあからさまに表しませんが，言葉の端々に「子どもの成長は自分の力量の高さ」という思い上がりが見て取れます。このような教師に限って，周囲から「できない教師」と見られていることが多々あります。

　子どもを教える者として必要な資質は，「素直で謙虚に学ぶ姿勢」です。同僚の助言や上司の指導を素直に受け入れることのない不遜な姿勢は，周囲から不信を買い，教師としても人としても向上する機会を逸してしまいます。素直に「分からない」「教えて」と言えないことが，自分の首を絞めることになり，不安を抱えながら1日を過ごすことにもなってしまいます。

> 「できる教師」と自分からアピールすることは，周囲の評価を得られないだけでなく，素直に教えを乞えない不自由な立場に追いやる。

◆ 助言や指導に感謝する心を

年齢を重ね社会的立場が上がってくると，他の人から注意してもらったり叱ってもらったりする機会が少なくなっていきます。子どもが成長するのは，大人から指導されたり叱られたりする機会が多いためということもできます。
　そう考えれば，同僚から助言してもらったり，上司から指導してもらったりする機会を「ありがたい」と感謝するべきでしょう。自分が成長するためのこのような機会を，小さなプライドで拒絶してしまうのは，じつにもったいない話です。しかし，若いうちから「先生」と言われ，教室という閉鎖された空間を与えられるためか，多くの教師が，仕事の力量を高め人として成長する機会を，自ら捨てているのです。経験に応じた力量を身に付けられず，小さなプライドから他人に「助けて」「教えて」と言えない，その心が，何かトラブルを抱えた瞬間に精神を蝕む原因になってしまいます。助言や指導に感謝する気持ちが，気持ちを楽にし，心を安定させてくれるでしょう。

✦ 人と比べない

　自分の実践や指導の力量を認められたいという気持ちが，「すごいと思われたい」という不遜な姿勢となってあらわれます。その気持ちが強くなりすぎて，同僚が周囲から認められることを素直に喜ぶことを阻害し，妬む気持ちを肥大させていきます。子どもに対して「大切なのは自分。人と比べる必要はない」と言っておきながら，他の教師を意識している教師のなんと多いことでしょう。人と比べれば，「人より上に」という欲求が際限なく続き，自分を苦しめることになります。自分は自分。人と比べる必要はありません。

> 同僚の助言や上司の指導を素直に受け入れる気持ちは，人からかわいがられいざというときの助けになり，結果，心の安定につながる。

すごいことを「すごい」と認める気持ちを持つ

◆ 心の安定のために

　全校朝会で子どもに対して行う話や，授業や生徒指導場面での子どもへの接し方など，他の教師の指導の仕方の中には，「なるほど」と納得できるものや「参考にしたい」というもの，「すごい」と感心するものが，必ずあるはずです。そう思ったときに，「とてもよかったです」「参考にしたいので教えて下さい」「すごいです」と，相手に伝えるようにする必要があります。人を認め，そのことを伝えることは，決して恥ずかしいことではありません。もし，伝えることができないというのであれば，「すごいと認めたくない」という後ろ向きな心があるからに他なりません。他の教師に対して「すごい」と伝えられない人が，教師は圧倒的多数です。そのことは，教室という密室の中で，子どもを相手に仕事を続けていると，どんな人でも気をつけなくては，謙虚な姿勢を失い，自分を苦しめることになってしまいます。

> 他の教師を認められる心は，謙虚さと素直さを増幅させ，そのことが周囲との関係を円滑にして，心を安定させることにつながる。

◆ 認められる力が自信になる

　教師の大切な資質として，「子どもを認める力」が挙げられます。ところが，子どもに対しては，あいさつもするし，優しい言葉がけや相手を認める言葉を伝えられるのに，同僚の教師に対しては，上から目線で，相手のいいところを見ようともしない教師が少なからずいます。相手が子ども大人に関わらず，「いいものはいい」「すごいものはすごい」と，認められるのが当たり前です。それが相手によって姿勢が異なるというのでは，人に対する姿勢がペテン的ではないかと疑わざるを得ません。当たり前だと思えることを認めほめることのできる姿勢は，教師力に直結します。誰に対しても揺らぐことなく，「素晴らしい」と認め伝えられる力を身に付けることで，教師としても人としても周囲から認められ，自分の自信となって還ってきます。

◆「できる」と思わない

　相手を「すごい」と素直に認めることができないのは，心の底では「自分はできる人と思われたい」という気持ちがあるからです。「できる人」かどうかは，自分ではなく周囲が評価することです。人間誰でも，周囲からいい評価を得たいと思って当然です。しかし，教師という仕事は，点数で評価することができないため，「できる人」という評価をしてはもらえない仕事です。「できる教師」と周囲から評価を得たいという思いが，自慢や不遜な態度に出てしまうのかもしれません。「評価は，周囲が決めるもの」ということを理解するための方法として，他人のよさを認める努力を続けましょう。

> 他人のよさやすごさを認め，素直に伝える力を高めることが，逆に人から認められ評価されることになり，心の安定につながる。

周りの評価に無頓着になる

◆ 評価にとらわれれば気持ちが揺らぐ

　できる教師と思われたい，子どもに人気のある教師だと見られたい，保護者から信頼ある教師と思われたい……。誰でも，他人からの評価は気になるものです。しかし，周囲の評価ばかり気にしていると，子どものために本当に大切なものが何なのか，教師として必要なものが何なのか，分からなくなってしまいます。自分の信念が定まらず，何かある度に心が揺らぐことになり，物事をネガティブに捉えたり他の人を妬んだりする気持ちが芽生えてしまいます。周囲の評価にとらわれることなく，自分が正しいと思うこと，やりたいと思うことにチャレンジすることで，教師としての信念が定まり，少々のことで，悩んだり気持ちが揺らいだりすることはなくなります。

> 周囲の評価にとらわれず，自分の信念を見つめながら仕事をすることで，少々のことでは悩むことがなく，心を安定させることができる。

◆ 信念に従うことが評価になる

　人間ですから，自分に対する周囲の評価は気になって当たり前です。しか

し，評価ばかり気にして，ある人にいい顔をすることが，別の人を裏切ることにつながる場合もあります。評価を得たいがために，自身の考えを変えたり一貫性のない行動をとったりすると，逆に信頼を失ってしまいます。それは，うわべだけの人気取りであって，本当の評価ではありません。

　特に学級担任は，子どもの実態に応じて，より効果のあるやり方で指導することが求められます。ときには，他のクラスと異なったことを思い切ってやらなくてはならない場合もあります。様々な意見を持っている，組織の職員すべてにいい顔をすることなどできるはずがありません。自身の信念をゆがめることなく，子どものために指導することで，教師としての力量を認められ，教育者としての信頼を得るようになるはずです。

◆ 本当の生き甲斐を見つける

　周囲からの評価は，仕事に対する意欲高揚や自信になる一方，意欲や自信の喪失にもなります。人間は社会的動物ですから，他人の評価は，仕事に限らず人間関係においても重要な位置を占めています。しかし，他人からの評価ばかりにこだわると，仕事だけでなく，人生まで見誤ってしまいかねません。他人からの評価のために仕事をしていると，本当の仕事の楽しさに気づくこともできず，仕事に生きがいを感じることもできなくなってしまいます。誰に認められなくても，誠実に全力で子どものため仕事をすることが，仕事の楽しさと生き甲斐に気づかせてくれるはずです。

> 教師の仕事の生きがいは，他者からの評価を得ることではない。子どものために力を尽くすことで，仕事の充実感や楽しさを味わおう！

独りになることは悪いことではない

✦ 仕事に集中する

　職員室で仕事をしていると，周りにいる他の教師の楽しそうな会話が聞こえてくることがあります。特に子どもが下校した後などは，同僚と世間話などをしてリフレッシュしたくなるものです。そのような会話は，職場の雰囲気をよくするために，ときには必要なことです。会話に入らないと，何となく阻害されているように感じて，必要もないのに会話に参加する人がいます。
　しかし，仕事を中断してまで，無理に参加する必要はありません。自分が仕事をしている最中に楽しそうな会話がはじまったとしても，それを遮断する強さも必要です。終わるまで仕事に集中するように心がけましょう。

> 　必要以上に，周囲とのコミュニケーションを求めると，要らぬ気を使い過ぎて，不自由な思いをすることになる。

✦ 独りに慣れる

　学校という職場は，教育という仕事を通じて教師が繋がっています。仕事をしている最中に，世間話や教育と無関係な話で周囲が盛り上がったとして

も，それに参加する必要があるでしょうか。周囲の話題に参加しないで，1人だけ黙って仕事をする人がいたとして，会話に参加しないことで気を遣ったり，あからさまに疎外されているように感じたりといった雰囲気があるとすれば，職場の人間関係に問題があります。周囲が自分をどう思っているかということにあまり気を遣わず，1人でいることを気にせず仕事をする強さを持つようにしましょう。1人でいることが恥ずかしいからと，トイレでこっそりお弁当を食べる人がいるという話を聞いたことがあります。しかし，自分が考えるよりも，他人は自分のことを気にかけてはいません。そう思えば，1人でいることに抵抗がなくなるのではないでしょうか。

◆ 独りでいられることに感謝する

　他の同僚が楽しそうに趣味の話題や子どもの話で盛り上がっていると，何となく自分だけがのけ者にされた気分になって，寂しく思う人もいるでしょう。しかし，ものは考えようで，教育や趣味について楽しく会話している人がいる一方で，1人で黙々と仕事をする人もいるという職場であることは，「誰に気を遣うことなく，自分の思うことが気楽にできる場」である証拠です。もし，放課後，子どもが下校した後で，誰も職員室に戻ってこようとはせず，職員室にいても，事務的な最小限の会話しかないという職場だったらどうでしょう。些細な話題で盛り上がることができ，1人になっても気持ちよくいることのできる職場で働くことができることに感謝するべきではないでしょうか。物事をプラス思考で捉える訓練で，気持ちを安定させましょう。

無理をしてコミュニケーションを取って，周囲に合わせる必要はない。独りでいる強さを鍛え，自由になろう！

気になる言動は「流す」力を

◆ 心を乱さない

　同僚や管理職の中には、ぞんざいな言葉遣いや失礼な態度で接してくる人が少なからずいます。子どもの成長や向上は、「私の力があればこそ」「私が貢献者」という態度で周囲に吹聴し、さも「私には力量がある」とひけらかすように自慢する教師もいます。反対に、子どもの失態やトラブルがあると、保護者や他の教師のせいにして、自分に非があるとは、微塵も思わないような不遜な態度の教師がいます。人を見下すような言葉遣いや、責任転嫁する態度には、腹立たしくやりきれない気持ちにさせられてしまいます。しかし、その気分をいつまでも引きずらないことが大切です。同僚や管理職に限らず、子どもや保護者から、気分を害されそうなときは、軽く受け流し、平常心を保つように心がけましょう。

> 　気分を害する言葉や態度をとられたら、「このような人に、感情を乱されるのは損」と考えて、軽く受け流すように心がけよう！

◆ 相手の上に立つ

相手に失礼な態度をとられると，こちらも感情的になって，ぞんざいな言葉や態度で返したくなります。しかし，もし，相手と同じような態度で応戦したとすれば，自分と相手とは同じ土俵の上に立つ，同じような失礼で卑小な人間ということになります。ましてや，相手が年下の場合，年上という立場を利用して威圧的な態度で返すことは，相手にすれば「してやったり」という結果になるでしょう。気分を害する態度をとってくる相手には，気持ちの上で常に相手の上に立たなくてなりません。たとえ相手があなたを怒らせるような態度をとってきたとしても，「あなたの攻撃など，まるでこたえていないよ」と，平然と受け流さなくてはなりません。周囲で見ている人たちも，「あの人はさすがだ」という目で見るようになるはずです。周囲から認められること，周囲の信頼を得ること，あなたがいつも笑顔で充実した仕事をすることこそが，失礼な態度をとる人にとって最大の反省材料になるはずです。

◆ 感情を表情に出さない

　相手の態度に気分を害して，不機嫌な気持ちをあらわにしたり，張り合ったりすることは，相手が自分と対等であることを伝えることになります。例えば，子どもや保護者のトラブルの責任を，半ば感情的に他の教師に押し付ける教師がいます。それに対して正面切って「人のせいにするな」と言ったところで，相手との関係が悪くなるだけです。相手の気持ちを理解する大人の対応で，相手が自ら反省するようにしましょう。同僚との張り合いや対立などは，自分の不徳の致すところと，自分を鍛える機会にしましょう。

> 誰かの言動に，逐一心を揺り動かされるのは，自分を苦しめるだけ。受け流して平常心を保つことに努めよう！

人が喜ぶことをする

◆ 進んで動く

　忙しい毎日ですが，少し落ち着いて周囲を見回してみると，どの教師も，教材研究やノートのマル付け作業，教具づくりや事務仕事など，忙しそうに動き回っています。誰もが猫の手を借りたいほど忙しいのが教育現場です。誰かの手を借りたいと思っても，みんな忙しいことが分かっているので，自分からはなかなか「手伝って」とは言い出しにくいものです。だからこそ，誰かが困っているのを見かけたら，自分から進んで声をかけ協力するように努めることで，他の教師との関係を円滑に築くことになり，周囲からの信頼を得ることになります。遠慮ではなく，相手が協力を断らない限りは，体を動かして率先して行動するようにしましょう。

> 　困っている様子の同僚には，「何かお手伝いしましょうか」と，積極的に声をかけるよう心がけよう。

◆ 人として気配りを

　よほど集中しているときを除けば，何をしていても，他の教師が何をして

いるか，周囲の雰囲気がどうかを感じ取ることはできるものです。他の教師が何となく困っていると感じたら，「どうしましたか？」と，こちらから必ず声をかけましょう。人の気持ちを想像して，自分ができることがないか考える力や，同僚が喜ぶことや同僚の助けになることを，実際に行動に移すことのできる力は，「人のためになることを自分の喜びにする」気持ちがなくては身に付けることはできません。人がうれしそうにしていれば，自分も同じように喜び，困っていれば親身に心配することができる……。そのような心を持つことができれば，結果として周りの人から大切にされ信頼されて，毎日を幸せに過ごすことができるようになります。

　職場の同僚に対する気配りのできる人は，子どもに対して心配りのできる教師であるはずです。人として，教師として，大人にも子どもに対しても常に心遣いのできる教師を目指しましょう。

◆ お互い様の精神で

　他の教師が困っていたり悩んでいたりするのを見かけたら，「自分にも，困るときや悩むときが必ずある。そのとき，誰かに助けを乞うことがあるかもしれない」と考えるようにするべきでしょう。人は，いつも助けてもらっている人，気にかけてくれる人には，感謝も信頼もします。その人が困ることがあれば，進んで協力しようと思うのが人情です。「情けは人のためならず」と言われますが，困ったときはお互い様の精神で，進んで手を貸すように努めることが，巡り巡って自分を助けることにつながります。

人の喜びを一緒に喜び，困っていたら助ける気持ちが，人間関係をプラスに回し，楽しく幸せな職場環境をつくることになる。

気まずいときは自分から関わる

◆ 歯を食いしばってでも自分から

　同僚との意見の食い違いや，些細な感情の行き違いなどによって，気まずくなってしまうことは，少なくありません。どの職業でも，職場での人間関係のトラブルはつきものです。しかし，教師という仕事は，他の職業と比べて，縦の関係が圧倒的に少ないため，注意されたり指導されたりする機会は，極々わずかです。そのような環境ですから，「自分の言い分の方が正しい」「私の方が優れた実践をしている」と，心の中では，誰もが思っています。特に教師にはプライドが高い人が多く，一度他の教師とトラブルがあると，修復するのに時間がかかってしまいます。どちらがよいか悪いかではなく，関係を修復するためには，どちらかが声をかけなくてははじまりません。気まずい雰囲気を早く解消して，気持ちよく仕事をするためにも，歯を食いしばってでも，自分の方から声をかけることが大切です。

> 　人間関係が気まずくなると，避けたいと思うのが常。しかし，自分から声をかけ，早く気持ちよく仕事をする環境に戻すことが大切！

◆ 負けるが勝ち

　ケンカをすると，相手が頭を下げるまで戦わなくては気が済まない，自分から頭を下げたら負けになる……。そんな気持ちになってしまいます。子どものケンカを見ていても，互いに意地を張り合って，進んで自分から頭を下げることのできる子は，そう多くはいません。

　しかし，ケンカしている人間を客観的に思い浮かべて想像してみて下さい。最初に謝罪した人の方が，人間的に上等な人に思えます。つまらない感情の乱れに長い間とらわれない心の広さを感じます。きっと悔しいはずなのに，自分から頭を下げる度量の大きさを感じます。理由はどうであれ，気まずい雰囲気になったら，関係を回復するために，先に頭を下げた方が，結果的には，「勝ち」になります。もし，相手が自分よりも年下であれば，年上の方から話しかけたり頭を下げたりすることは，癪に障るかもしれません。しかし，だからこそ，積極的に関係の改善を自分から仕掛けることに意義があります。「自分の気持ちが収まらない」という小さな勝ちにこだわるのではなく，「懐の広い人」と，周囲に認められることに価値があります。

◆ 子どものために

　相手からよくない印象を持たれてしまうと，自分がやりたいと思うことに，協力してもらうことができないばかりか，計画自体に反対されてやりたいことができなくなってしまいます。人間関係を良好に保つことは，同僚の理解と協力を得ることになり，結果，子どものためになります。

同僚との人間関係は，子どもへの指導に大きく影響する。子どものためと思えば，自分から進んで関わるようにしよう！

非難や陰口から遠ざかる

✦ 無頓着を押し通す

　職員室などで，ヒソヒソと子どもや保護者，同僚を非難するような陰口やうわさ話などを耳にすることがあります。会議や研修が終わった後で，小さな声で「あれは，どうかと思う」などと言い合っている人を見かけることも少なからずあります。人のうわさ話や陰口での非難などは，聞いていて気分がいいものではありません。会議後のひそひそ話などは，職員室の雰囲気が悪くなり，周囲の他の人を不安にさせる行為です。本音では，「やめなさい」と言いたいところですが，そういうわけにもいきません。しかし，注意することはできなくても，うわさ話や陰口をする輪から外れることはできるはずです。気持ちよく安心して仕事をすることができる職場にするために，自分でできることを考えて，確実に実行していきましょう。

> 　陰口やうわさ話を止めるように注意することはできなくても，輪の中に入らないようにすることはできる。

✦ 悪口・陰口は自分に返ってくる

人のうわさ話や悪口をすると，話をした人の人格が疑われることになります。話をしているときは気分がいいのでしょうが，結局「あの人は，人の悪いところばかりに目がいく」「心からは信用できない」となってしまいます。結果として，周囲から信頼されなくなり疎まれるようになってしまいます。
　うわさ話や悪口には一切関わらないことです。周囲でそのような話がはじまったら，その場を去って他の場所で仕事をするのが最もいい方法です。そうすることができなければ，無関心を心がけ自分の仕事に集中しましょう。万が一，会話に引き込まれそうになったら，気のない返事をして，決して相づちを打たないようにして，さり気なくその場を離れるようにしましょう。

✦ 言行一致に心がける

　私たち教師は，「いじめはいけない」「陰で人の悪口を言ってはいけない」と，子どもに教えています（p.106－107）。人を教える立場にある教師が，普段子どもに言っていることに反する行為をするのは，欺瞞に満ちた行為です。人として教師として恥を知るべきでしょう。
　そのような，胸を張ることのできない行いをしていると，必ず周囲からの信頼を失い，孤独を味わうことになります。人の悪口や陰口でつながっているような関係は，裏切りを呼び自分を苦しめることにもなります。
　教師は，人を教える者として，子どもや保護者から信頼されなければなりません。信頼される教師になるためには，我が身を正し，言行一致に心がけるべきです。

陰口などの人として正しくない行いを自ら戒めることが，周囲からの信頼を得て楽しく幸福な日々を保障してくれる。

疎まれることを恐れない

◆ 信念を持つ

　子どもの指導について，ときには他の教師と意見が対立することも，確執を生じることもあります。足並みをそろえて子どもを指導することが大切ですが，自分の意に沿わないことを，我慢してすべて受け入れるべきではありません。自分の子どもに対する思いや，指導のやり方について，周囲と異なる意見を提案することが必要なときもあります。そのようなときには，他の教師と気まずくなるときもあり，場合によっては，「目の上のたんこぶ」と，疎まれることがあるかもしれません。しかし，例えそのときは疎まれたとしても，気まずくなったとしても，確固とした信念があれば，怖いものはありません。

> 　ときに疎まれることがあっても，自分の思いややり方を，他の教師に伝えることは大切。伝え方の工夫で，対立は避けられる。

◆ 一貫した言動が理解者を生む

　たとえ，少々の意見の対立や感情的なトラブルがあったとしても，子ども

の指導がいい方向に進み，子どもやクラスが目に見えて成長する姿が認められれば，必ず理解者があらわれ理解してくれる同僚も増えてきます。保護者や子どもの信頼が増してくれば，多くの教師が認める存在となり，理解してくれる教師も増えていきます。大切なことは，感情的に相手を説き伏せたり，自分が正しいとばかりに押し付けたりするのではなく，相手の考えもしっかり聞いて認められることを認め，受け入れられるところは受け入れる姿勢をもつことです。相手の意見を尊重し，誠意を持って話し合うことが大切で，決して相手におもねったり，対立が嫌だからと自分の考えを押し込めたりすることのないようにしなくてはなりません。人は，「聞き分けや人当たりはいいけれど，信念を感じさせず言動に一貫性のない教師」より，「無愛想で何を考えているのか分からないが，信念を感じさせ言動に一貫性のある教師」に信頼を置くものです。

✦ 真っすぐさが身を助ける

　子どもを指導するとき，第一に大切にしなくてはならないことは，「子どもにとって大切なことは何か」ということでしょう。それが，学校教育の根本であり，教育者としての信念の根源でもあります。ときには，自分自身や同僚の負担が増すことも考えられます。しかし，「そこまでやる必要はない」といった意見にモノ申すこともなく，長い物に巻かれる的な姿勢で，納得のできない意見を受け入れたとなれば，「あの人は所詮，志のない教師」と周囲から思われ，結果として仕事の充実感を味わうこともできず，優柔不断さが自分の首を絞める結果にもなります。

> 教師の仕事の充実感は，自分の信念に従って子どもを指導したり授業を工夫したりするところにある。簡単に流されることのないようにしよう。

聞き上手・ほめ上手になる

◆ 聞き上手は信頼される

　教師は，自分の思いや考えを人に伝えることには，それほど抵抗がありません。特に，個人的な会話の中では，「話したい，伝えたい」という気持ちが強く頭をもたげ，教師同士の会話を聞いていると，自分が経験した出来事や自分の思いを互いに伝え合っているのが伝わってきます。ところが，教師は，伝える力に比べて，相手を受け入れる力が圧倒的に弱い人が少なくありません。

　自分が「聞いてほしい」と思う分だけ，相手も同じく「聞いてほしい」と思っています。自分の話をしっかり聞いてくれる人といると，とても気分がよくなります。悩みや相談事があると，話を聞いてくれる人，受け入れてくれる人のところに行きたくなります。円滑な人間関係を築き，同僚に信頼されるためのコツは，「聞き上手」になることです。

> 　誰でも自分の気持ちを聞いてほしいと思っている。ならば，聞き上手になることで，同僚から信頼されるチャンスと考えるべき！

◆ 長所に目を向ける

人間誰でも好き嫌いや得手不得手があります。中には相性が合いそうのない人もいます。しかし，相手に対して苦手意識を持ってしまうと，その気持ちは相手に伝わってしまいます。良好な人間関係を築くためには，相手に対する苦手意識を持たないことが大切です。そのための方法として，1つは，「相手を非難するようなことを，絶対に他人に対して言わない」ことです。一度非難しはじめると，相手の悪い所ばかりに気が行くようになり，どんどん関係が悪くなってしまいます。「周りの人からよく思われたい」と思わない人はこの世にいません。関わりのあるすべての人のいいところを見つけ，機会があれば相手に伝えるようにしましょう。その心の持ち方が，人間関係の歯車をプラスに回す原動力になります。

◆ ほめる謙虚さを

　教師ほど，他の教師を認めることのできない人たちはいません。ましてや，他の教師をほめる教師は，稀と言ってもよいでしょう。人をほめることができないのは，謙虚な気持ちがないからです。そのような人が，周囲から信頼を得ることができるはずがありません。人を教える

者の姿勢としても間違っています。教師として人として，「いいものはいい」「素晴らしいものは素晴らしい」と，素直に表現することのできる人でありたいものです。その姿勢が周囲の信頼を集め，結果，自分の気持ちを前向きで明るいものに導いてくれるはずです。

> 教師の中に，聞き上手・ほめ上手は少ない。だからこそ，聞き上手・ほめ上手な人は，みんなから好かれ，信頼される立場になる。

【著者紹介】

中嶋　郁雄（なかしま　いくお）

1965年，鳥取県生まれ。1989年，奈良教育大学を卒業後，小学校の教壇に立つ。

「子どもを伸ばすためには，叱りが欠かせない」という主張のもとに，「『叱り方』研究会」を立ち上げて活動を始める。

教育関係者主催の講演会，そして専門誌での発表が主な活動だったが，噂が噂を呼び，大学や一般向けにも「心に響く叱り方」といったテーマで，セミナーを行うようになる。

新聞や経済誌などにも「叱り」について意見を求められるようになる。

主な著書に『仕事に忙殺されないために超一流の管理職が捨てている60のこと』，『クラス集団にビシッと響く！「叱り方」の技術』，『新任3年目までに知っておきたい子どもがまとまるクラスづくりの技術』，『授業も学級経営もガラッと変わる！「3分間」時間術』（以上，明治図書），『その場面，うまい教師はこう叱る！』（学陽書房），『教師の道標（みちしるべ）名言・格言から学ぶ教室指導』（さくら社），『叱って伸ばせるリーダーの心得56』（ダイヤモンド社），『「しなやかに強い子」を育てる：自立心を芽生えさせる教師の心得』（金子書房）など多数。

［本文イラスト］松田美沙子

教師のためのレジリエンス
──折れない心を育てる，回復力を鍛える──

2018年7月初版第1刷刊	©著　者	中　嶋　郁　雄
	発行者	藤　原　光　政
	発行所	明治図書出版株式会社

http://www.meijitosho.co.jp
(企画)林　知里 (校正)広川淳志・杉浦佐和子
〒114-0023　東京都北区滝野川7-46-1
振替00160-5-151318　電話03(5907)6703
ご注文窓口　電話03(5907)6668

＊検印省略　　組版所　中　央　美　版

本書の無断コピーは，著作権・出版権にふれます。ご注意ください。

Printed in Japan　　ISBN978-4-18-164312-6
もれなくクーポンがもらえる！読者アンケートはこちらから →